Secretos del Corazón

Juanita Bynum, Ph.D.

La mayoría de los productos de Casa Creación están disponibles a un precio con descuento en cantidades de mayoreo para promociones de ventas, ofertas especiales, levantar fondos y atender necesidades educativas. Para más información, escriba a Casa Creación, 600 Rinehart Road, Lake Mary, Florida, 32746; o llame al teléfono (407) 333-7117 en Estados Unidos.

Secretos del corazón por Juanita Bynum
Publicado por Casa Creación
Una compañía de Strang Communications
600 Rinehart Road
Lake Mary, Florida 32746
www.casacreacion.com

Publicado en inglés bajo el título:
Matters of The Heart
© 2002 por Juanita Bynum
Published by Charisma House, a Strang Company
Lake Mary, Florida, USA.
All rights reserved
Previamente publicado en tamaño regular, ISBN 978-0-88419-923-1, copyright © 2003. Todos los derechos reservados.

Traducido y editado por Graciela Stankiewicz
Diseño de portada: Eric Powell
Diseño interior: Hilda González de Robles

Library of Congress Control Number: 2009944032
ISBN 978-1-61638-055-7

10 11 12 13 14 — 7 6 5 4 3 2 1
Impreso en los Estados Unidos de América

A la Madre Estella Boyd:

Gracias por impartir el mensaje del nuevo corazón.

Contenido

Prefacio

Si usted cree en Dios, usted ya sabe que estamos entrando en una nueva era. Las cosas han ido de prisa en el tercer reino y están cambiando rapidamente en la tierra. Si usted escucha a Dios y ha sentido la "temperatura" del reino espiritual levantarse firmemente, este libro le confirmará lo que Él ya ha hablado.

> "Oídme, Judá y moradores de Jerusalén. Creed en Jehová vuestro Dios, y estaréis seguros; creed a sus profetas, y seréis prosperados".
>
> —2 Crónicas 20:20

Escúcheme. Es tiempo de ver a Dios como nunca antes. Es tiempo de caer ante el altar y pedirle que renueve su corazón. Es tiempo de parecernos más a Jesús, genuinamente. "La iglesia de costumbre" se acabó. Es tiempo de quitar el "viejo odre" y poner el "nuevo hombre". (Ver Mateo 9:16–17; Colosenses 3:9–10.) Dios me ha hecho pasar por este proceso varios años.

Cuando comencé a escribir este libro, yo reconocí que solamente podría "dar a luz" capítulos según el Espíritu Santo me indicara—y decir sólo lo que Él me ha dado para decir. Así que cuando lea, entienda que este es un trabajo del Espíritu. Dios quiere que usted sepa que Él está soplando un mensaje a través de Su profeta en esta hora.

Este nacimiento ha sido dificultoso, a veces doloroso, por lo que sé que no será fácil para usted leerlo o digerirlo. ¿Por qué? Es "carne" espiritual. Toma más "energía" digerir carne en lo natural y no existe diferencia en la esfera del Espíritu. Usted tendrá que trabajar a través de la revelación, así como Dios me guió a hacerlo. Así que tome su tiempo, mastique cada pieza, y déjela que penetre—porque al tiempo que termine, una "nueva" obra habrá comenzado dentro de usted.

Una obra de obediencia

En Hechos 5:9 leemos: "Es necesario obedecer a Dios antes que a los hombres".

Pedro y los otros apóstoles dijeron esto al sumo sacerdote después de ser arrestados por predicar el Evangello en Jerusalén y luego ser liberados sobrenaturalmente por el ángel de Dios. Los líderes religiosos se quedaron perplejos y ordenaron a los apóstoles a no predicar más en el nombre de Jesús. Los apóstoles se pararon en su terreno. Dios los había preparado para ese día. Ellos habían aprendido en su caminar con Jesús y habían sido llenos del Espíritu Santo. Bajo intensa persecusión, ellos valientemente se pusieron de pie para lo que Dios los había llamado a hacer. Yo he llegado a la misma conclusión. Si deja que esta Palabra penetre, usted también lo hará.

El llamado profético en este libro no hará "cosquillas" a sus oídos. A decir verdad, su carne podría incomodarle o encenderse de ira antes que descubra la Verdad que lo hará libre, (Jn 9:32). ¡Tenga cuidado! Esta Palabra no pretende complacer la condición actual o la elite religiosa. Esta es una Palabra para esta hora, para aquellos que están listos a ser genuinos con Dios—y ellos mismos. Si su corazón ha estado clamando por más, entonces prepárese para moverse al siguiente nivel.

> Toma más "energía" digerir carne en lo natural, y no existe diferencia en la esfera del Espíritu.

La Iglesia, como la hemos conocido, se acabó. Sin darnos cuenta, hemos caído en el error—aún mientras hemos continuado haciendo "buenas" cosas para Dios. Hemos tropezado y fallado en hacer lo que Él exige. Ahora Dios está enunciando el cargo. Él está llamándonos a levantarnos nuevamente:

> "Porque siete veces cae el justo, y vuelve a levantarse; mas los impíos caerán en el mal".
>
> —Proverbios 24:16

Dios está clamando:

> "Recuerda, por tanto, de dónde has caído, y arrepiéntete, y haz las primeras obras; pues sino, vendré pronto a ti, y quitaré tu candelero de su lugar, si no te hubieres arrepentido".
>
> —Apocalipsis 2:5

Hombre justo, ¡Dios le está llamando a volverse! Levántese, de vuelta y comience a caminar en una nueva dirección. Dios está llamando para un cambio desde adentro, sea que usted ministre desde la plataforma, trabaje en el salón con los niños o esté sentado en el banco de la iglesia. El cambio es necesario para toda la gente de Dios. Sea que usted es un pastor, ministro, miembro de la iglesia o misionero, Dios quiere que usted "comparta" esta Palabra, primero a usted mismo, y luego a otros.

Yo he llegado a la misma conclusión. Si usted deja que esta Palabra penetre, usted lo hará.

Este libro le dará revelación, información e inspiración para hacerlo. Cuando llegue al capítulo científico sobre el corazón, por ejemplo, ¡se quedará asombrado de lo que Dios ya hizo dentro suyo! Usted gritará ¡Aleluya! o caerá de rodillas. De una manera u otra, usted va a aprender algunas cosas que ni siquiera yo escuché enseñadas en ningún lugar antes. Entonces usted sabrá exactamente su posición con Dios y cómo ha sido formado para andar en sus caminos. La elección es suya.

A medida que usted lea, Dios depositará algo "nuevo" dentro suyo si usted se lo pide. Reciba y abrace esta Palabra. Reciba este llamado profético, y Dios le bendecirá, fortalecerá y guiará en los días por venir. Su corazón comenzará a cambiar en una nueva dirección...y, como yo, usted sabrá que no puede volver atrás.

> "De modo que si alguno está en Cristo, nueva criatura es; las cosas viejas pasaron; he aquí todas son hechas nuevas".
>
> —2 Corintios 5:17

Es tiempo de dejar el pasado. Dejar la religión. Dejar el pecado y cualquier cosa que le aleje de Dios y le impida obedecer Su clamor profético para esta hora final.

Lea y entre al nuevo día.

Introducción

Cómo **comenzó todo**

Esto sucedió inesperadamente. Yo sabía que era salva—nacida y educada en la iglesia con respecto a eso—entonces, ¿por qué Dios estaba originando en mí este mensaje de un "nuevo corazón"?¿Él sabía a quién le estaba hablando? Yo crecí en el ministerio y luego fui instalada en mi propio ministerio de tiempo completo, así que esto era rutina para mí. Ciertas cosas eran sólo parte de mi personalidad...lo han sido por muchos años. No lo reconocí en ese momento, pero era tiempo para un cambio.

Muchos en el pueblo de Dios piensan de la manera en que yo pensé. Nosotros asumimos que manejamos nuestras personalidades, que tenemos un cierto estilo—un "modus operandi"—cuando verdaderamente, es un asunto más profundo. En realidad, nuestros patrones de pensamiento preconcebidos nos llevan lejos del carácter de Dios y de lo que Él espera de nosotros como hijos Suyos.

No fue fácil para mí recibir este mensaje sobre un nuevo corazón. Yo ya tenía una "plataforma" mayor y estaba ante los ojos del público. Pero eso no le importó a Dios. Aunque esto fue doloroso y lento, tuve que iniciar esa profunda mirada interior. Yo necesitaba "interiorizar" mi caminar con Dios.

Muchos de nosotros queremos concentrar nuestros esfuerzos en nuestro "manifiesto" caminar con el Señor, donde estamos más interesados en lo que otros piensan que en lo que Dios piensa de nosotros. Constantemente tratamos de "arreglar" lo que la gente ve de nosotros.

Justo antes de haber sostenido la conferencia de "Chicago Summit" en mayo del 2002, Dios me confrontó con este mensaje del nuevo corazón, y terminé predicándolo entonces—y desde entonces. Antes de la conferencia de Chicago, habíamos sostenido una conferencia en Pensacola, Florida—la cual no tomó la dirección que yo pensé que tomaría. Nosotros habíamos alquilado un auditorio para diez mil personas sentadas, y solamente asistieron de seis a siete mil personas. Pero no sólo fue la asistencia; la conferencia no tomó la dirección que yo había deseado. Inmediatamente después de la conferencia, comencé a llevar una carga—Pensacola había sido un fracaso.

En la fecha aproximada para la conferencia de "Chicago Summit", el Señor comenzó a llamar mi atención. Nosotros estábamos planeando tener el evento en una hermosa iglesia con capacidad para cuatromil quinientas personas. ¡Iba a ser impresionante! Como ve, yo estaba determinada, por lo que había sucedido en Pensacola, que iba a lograr que la conferencia de Chicago llegara a la cima—todo estaba saliendo bien.

Entonces choqué con lo inesperado. Un par de días antes de la conferencia, se presentaron dificultades con el edificio y tuvimos que cambiarnos a otro. No era tan grande y el acceso para las personas era más dificultoso. Según hicimos los cambios de último minuto, otra vez me encontré a mí misma en una complicación. ¿Cómo pudo ocurrir esto? ¡Nosotros habíamos estado ayunando y orando por esta reunión!

Dios comenzó a tratar conmigo. Él empezó a mostrarme que mi "carga" no era por la gente ni lo que sentí que recibirían. Yo estaba más preocupada por mi imagen, por lo que proyectaría y por lo que otros iban a decir. Yo cesé de trabajar. Según oré, recordé el día en que mi asistente, Tonya, me había llamado. Justo cuando sacaba la basura, el teléfono sonó y ella explicó el motivo por el cual no podíamos usar el "hermoso" edificio. Cuando ella terminó de hablar yo colgué y comencé a llorar.

Mientras las lágrimas corrían por mi rostro, Dios dijo, "Tú estás pensando como hombre. Siempre estás preocupada por la apariencia exterior. Siempre estás tratando de hacer aceptable esa imagen exterior". Él continuó, "Jesús no se hizo de una reputación...sin embargo es tu reputación lo que se convirtió en lo más importante para ti. Tú estás pensando en todo lo que estás haciendo, en las plataformas mayores en las que puedas hablar y tu exposición. Pero ¿cuál es la condición de tu corazón hacia Mí y hacia Mi pueblo?"

Confundida, me senté allí mismo, en la entrada de mi casa, y le dije al Señor, "¿Mi corazón...? Tú sabes que todo lo que hago, lo hago para agradarte". Él respondió, "Tú no estás haciendo las cosas para agradarme. Tú está haciéndolas para ser aceptada por la gente, para que ellos puedan decir, 'Ah, Juanita es verdaderamente exitosa. Ah, ella hizo una conferencia...'".

Entonces Él empezó a mostrarme que mi carga por la conferencia de Pensacola no fue verdaderamente acerca de si la gente había sido o no bendecida. La verdad era que yo me retiré de esa conferencia preguntándome, ¿qué va a decir la gente con respecto al auditorio semi vacío? ¿Qué va a decir la gente con respecto a las cosas que no estaban bien? ¿Qué va a decir la gente con respecto a los volantes que parecían hechos en casa?

Dios dijo, "Déjame mostrarte algunas cosas pequeñas..." y comenzó a sacar a la superficie cosas acerca de mi personalidad. Había errores en mi corazón. Él dijo, "Lo triste es, que tú estás muy lejos de Mí. Tú ni estás cerca de Mí, aunque piensas que estás".

Él me llevó a Efesios 2:8, que dice que no somos salvos "por obras". Luego continuó, "Necesitas aceptar el hecho de que Yo te hago 'justa'. Tú has estado trabajando asumiendo que todos tus trabajos me impresionaron, y Yo no estoy impresionado por ninguno de ellos".

Finalmente dijo, "La razón por la que no estoy impresionado es porque tú estás muy lejos de la meta que yo dispuse para ti. Tú estás jugando carreras, tratando de hacer las cosas a grandes escalas, en importantes auditorios y todo lo demás. ¿Pero qué hay acerca de las pequeñas cosas, de las personas que yo pongo en tu corazón cada día para ser bendecidas? Tú has ignorado eso porque piensas que nadie puede verlo".

Dios trató conmigo, sentada allí en la entrada de mi casa. Él dijo, "Yo quiero darte un nuevo corazón".

"¿Un nuevo corazón?, pregunté. "Pero yo ya siento que soy salva".

"Tu salvación es de acuerdo a la salvación de la iglesia tradicional". Él respondió, "Ahora yo quiero salvarte genuinamente".

¿Una conversión genuina? ¿Una salvación verdadera?

Yo no estaba esperando recibir el mensaje de un "nuevo corazón". Yo sentí que le había dado mi corazón a Dios cuando me convertí, pero en algún lugar del camino entré en un estado de adormecimiento. Comencé a operar desde mis "obras," no desde mi corazón. Ni siquiera estoy segura de que pueda explicar o darle sentido a esto, pero trataré.

Dios salva y convierte su espíritu, el cual está donde está su corazón. Su mente, por otra parte, se resiste a ser transformada. Si su mente no es transformada, el "corazón" del milagro que Dios ha puesto en usted nunca podrá manifestarse en su estilo de vida. Esto es porque su mente, comprendida por las emociones del alma y el intelecto, quiere prevalecer y gobernar. Cuando el nuevo corazón es desatendido, la mente toma control a través de la vieja naturaleza carnal. Esto es lo que me sucedió.

Yo sabía que había aceptado a Cristo como mi Salvador personal. Mi espíritu, o mi corazón fue transformado, y comencé a escudriñar la Palabra. Como ve, yo quise transformar mi mente para que mi vida pudiera comenzar a experimentar lo que había sucedido en mi corazón. Luego en algún lugar del camino, empecé a leer la Palabra de Dios para prepararme a predicar el Evangelio—no para transformar mi propia mente.

Cuando comencé a hacer esto, aunque estaba predicando un evangelio poderoso, tenía dificultades y luchas en mi vida personal, batallando constantemente con la carne. Mi mente batallaba en contra de mi corazón y mi corazón en contra de mi mente.

Aparentemente nunca pude someter mis pensamientos y emociones a mi convertido corazón.

Mi ministerio se convirtió en mi profesión, y aunque sabía que había sido llamada a predicar, creo que fue la compasión de Dios por Su pueblo que me mantuvo allí. Escúcheme. Cuando, en el Antiguo Testamento, el pueblo de Dios clamó, Él suplió sus necesidades porque había escuchado su clamor. Su corazón es tierno para con Su pueblo. Así que cuando yo dije que estaba dispuesta a "ir," habiendo un clamor de Su pueblo, Él me ungió y me usó en Su obra.

Sin embargo Dios me amó tanto que dijo, "Mientras tú estás predicando a otros, Yo no quiero olvidarme de ti".

El verdadero corazón revelado

El Señor me llevó a Jeremías 17:9–10, donde Él dice:

> "Engañoso es el corazón más que todas las cosas, y perverso; ¿quién lo conocerá? Yo Jehová, que escudriño la mente, que pruebo el corazón, para dar a cada uno según su camino, según el fruto de sus obras".

Dios trató con mi corazón, y yo he fallado en el examen. Como resultado, en todas las obras buenas que yo estaba haciendo, mi corazón todavía llevaba la esencia de la maldad.

Si no tenemos cuidado, podemos estar haciendo un trabajo religioso y aún estar deslizándonos en nuestros corazones. Podemos hacer esto sin reconocerlo, tanto porque nuestros trabajos son maravillosos o porque las respuestas que estamos recibiendo son maravillosas.

Tal vez sentimos la unción y la presencia de Dios sobre nuestras obras, lo cual puede convertirse en un engaño. ¿Cómo? Nuestras obras pueden ser tan "buenas" que nunca nos detenemos a examinar nuestro corazón para ver si está en buena condición con Dios.

A pesar de todo lo que hago—la predicación, el canto y todo lo del ministerio—soy humana como cualquier otra persona. Recientemente Dios me dijo, "Quiero que apagues la música... las cintas de predicaciones...quédate a solas y mira lo que sale de tu mente. Entonces sabrás en qué condición te encuentras. Si haces esto, te sorprenderás de lo que oigas diciéndote a ti misma".

Tuve que ser honesta conmigo y darme cuenta que mi corazón no estaba bien. Lo que en verdad me pregunté, y aún me cuesta trabajo decirlo es, "¿Soy salva verdaderamente? ¿Vive Jesús aquí? ¿Estoy segura, sin dudas, de que Él vive en Mí? No tengo ninguna duda de que Él me usa...pero ¿vive Jesús aquí? ¿Soy Suya?"

A medida que Dios comenzó a ministrarme acerca de un corazón nuevo, me llevó a San Juan 10:24–26, que dice:

> "Jesús les respondió: Os lo he dicho, y no creéis las obras que yo hago en el nombre de mi Padre ellas dan testimonio de mí; pero vosotros no creéis, porque no sois de mis ovejas, como os he dicho."

Fue como experimentar un despertar. El Señor dijo, "sabes que cuando tú caminas en rebelión hacia las cosas que te digo que haga...y las cosas que digo que no...y cosas que tú sabes que me desagradan...y continúas haciéndolas, es cuando tienes que preguntarte, "¿Soy verdaderamente Suya?'"

Al escuchar a Dios decirme esto, recordé San Juan 10:4–5, que en esencia dice, "Mis ovejas conocen mi voz, mas al extraño no seguirán".

El Señor continuaba hablándome, diciendo, "Si tú sigues en esta dirección y pensando de esa manera, entonces Yo no podré estar allí. No puedo estar allí si sigues pensando que todos están en deuda contigo. Si respondes a otros pensando, 'Ah, esta persona me ofendió. No puedo seguir. Ella no me gusta. No estoy predicando para esta persona, Yo no puedo estar allí'. Si viajas por todo el país, y todavía sigues pensando de esa forma, no estaré allí. No estoy hablando de un patrón de pensamientos esporádicos—estoy hablando de la discordia constante en tu corazón. Si continúas en esa discordia, Yo no puedo estar allí".

Escuché este mensaje que Dios me dio. El pecado y Dios no pueden habitar en el mismo corazón al mismo tiempo. La justicia y la injusticia no pueden habitar en el mismo templo. Estoy hablando sobre su corazón. Patrones de pensamientos pueden emerger de su mente porque ésta tiene que ser transformada. Pero todo lo que pasa por su mente se convierte en una continua rotación y sale a la luz en su comportamiento, entonces ¿está usted verdaderamente salvo?

Debemos recibir un nuevo corazón

Tal vez quiera saber lo que sucedió en el punto de la conversión cuando vino al altar para ser salvo de su naturaleza pecaminosa. ¿Fue su corazón verdaderamente convertido? ¿Qué ocurre con su corazón en el momento del arrepentimiento?

Podemos mirar el ejemplo del rey David, un hombre con el corazón de Dios. Cuando él alcanzó su momento de arrepentimiento pidiéndole a Dios que lo perdonara de sus pecados, dijo, "Crea en mí, oh Dios, un corazón limpio y renueva un espíritu recto dentro de mí", (Sal 51:10). Eso es lo que tomó lugar en el mismo momento en que usted le pidió perdón a Dios por sus pecados. Él creó un corazón limpio en usted y renovó un espíritu recto dentro suyo. Dentro de su corazón está sentado su espíritu.

Su "vieja mente" es la que lo mantiene funcionando fuera de la voluntad de Dios. Su mente necesita ser transformada constantemente mediante el proceso de renovación. (Daré más detalles de la renovación de su mente en el capítulo nueve).

En Romanos 12:2 leemos, "No os conforméis a este siglo, sino transformaos por medio de la renovación de vuestro entendimiento, para que comprobéis cuál sea la buena voluntad de Dios, agradable y perfecta". Todo lo que haga ahora, no debería conformarse con la manera de pensar de este mundo. Para ser transformado, usted debe renovar su mente cada día. Cuando la mente renovada se alinea con su corazón convertido, usted es una nueva criatura—completamente por dentro y por fuera.

La única manera en que su mente renovada puede no estar en armonía con su nuevo corazón es por su propia elección. Usted debe elegir si seguir los hábitos obstinados que se almacenaron en su memoria o someterlos a la sabiduría que fluye de su nuevo corazón.

Lo más importante es tener el nuevo corazón—y saber que usted lo tiene.

Cuando Dios me dio esta revelación estando sentada en mi automóvil, yo empecé a pedir, "Dios dame un corazón limpio. Dame un nuevo corazón ahora mismo. Sálvame nuevamente ahora mismo. Sálvame, aquí mismo en este automóvil, hasta que sepa que soy salva". Yo clamé, "¡Sálvame, Jesús!" tal como lo hice cuando fui salva por primera vez.

Inmediatamente, un himno antiguo vino a mi espíritu:

> Dame un corazón limpio, para que pueda servirte, Señor.
> Lava mi corazón, para que pueda ser usado por Ti.
> Señor, no soy digno de todas estas bendiciones,
> Pero dame un limpio corazón...[1]

Un nuevo corazón...una nueva vida

Para el tiempo en que llegué a Chicago, todos lo vieron—yo estaba renovada. Era una nueva persona. A estrenar. Fue una experiencia que nunca antes había tenido en mi caminar cristiano. No puedo decirlo con palabras. Súbitamente, el predicar, la televisión, las plataformas mayores y todas esas cosas extraordinarias se hicieron secundarias. Desde mayo del año 2000, lo primero en mi lista ha sido estar segura de que todo lo que hago complace a Dios. Ahora, por cada patrón de pensamiento pregunto, "¿De dónde vino este pensamiento?" Si no es un pensamiento que viene de mi mente renovada, digo, "¡No! Yo reprendo eso ahora mismo".

Desde ese encuentro con Dios, me convertí en guardián de mi propio corazón. Protegerlo es mi mayor trabajo en este momento.

No se pierda en la iglesia

Desde ese tiempo, también he estado forzada a darle a alguien más la misma oportunidad—la oportunidad de ser salvo genuinamente. Sí, pretendí decir eso. ¡Dios ha hecho nacer en mí el mensaje de un "nuevo corazón!"

Desde que se convirtió en mi propia experiencia, ¡he sentido que necesito decírsela al mundo! Tengo que decirle a las naciones lo que descubrí. Tengo que decirle al mundo sobre este nuevo corazón. Tengo que decirles que deben asegurarse de conseguirlo... que, por sobre todo—y todas las cosas—es vital tener este nuevo corazón. Lo más importante es tener el nuevo corazón—y saber que usted lo tiene.

Algo que asusta es que, yo he pasado largo tiempo sin saber el estado en el que me encontraba porque mis obras eran maravillosas. Cada vez que lo pienso, ¡estoy asombrada de cómo pude ayudar a otros a encontrar el camino a Cristo mientras estaba perdida en la iglesia! Me estremezco cuando pienso que pude haber ido al infierno desde las grandes plataformas.

Yo quiero aclarar esto. Todos debemos llegar al punto donde, o bien admitamos que no tenemos un nuevo corazón o que hemos dominado el acto de salvación convirtiéndonos en grandes hipócritas. Permítame darle un ejemplo. Suponga que alguien le dice, "Cuando tú eres salvo, estás supuesto a amar a la hermana 'Pesada'". Luego usted habla con la hermana 'Pesada' y la abraza; usted "actúa" como salvo, pero en su corazón, no puede soportarla.

Lo que le ha pasado a la iglesia es que nos hemos convertido en hombres complacientes. Nos hemos enseñado a representar el papel de la iglesia. Todos se ven salvos; sabemos cómo conducirnos; sabemos cómo hacer obras de salvación, y sabemos cómo proyectarnos salvos. Pero nuestros corazones están lejos de eso—ni siquiera estamos cerca.

Nosotros pensamos, "Ahora que soy santificado, no quiero ser "mal visto" o "despreciado". No quiero estar fuera de una relación con mi pastor, por lo que voy a venir a la iglesia, como él dijo". Pero en realidad, nuestros corazones están lejos de la iglesia—ni siquiera estamos allí.

Una persona que mantiene las riendas de su corazón y controla los patrones de su mente impresiona a Dios.

Nosotros somos grandes hipócritas. A todos los que entran en esa categoría, un día Jesús les dirá: "Tú dices que has Hechado fuera demonios en mi nombre y has sanado al enfermo en mi nombre—pero vete de mí; nunca te conocí". (Ver Mateo 25:41). ¡No permita que Él le diga eso a usted!

Lo que Jesús quiere decir es esto: "Yo nunca tuve una relación contigo. Tú trabajaste para Mí, pero yo no tuve una relación contigo".

Un día los discípulos de Jesús volvieron a Él, diciendo, "Señor, aún los demonios se nos sujetan en tu nombre", (Lc 10:17).

Jesús respondió:

> "Pero no os regocijéis de que los espíritus se os sujetan, sino regocijaos de que vuestros nombres están escritos en los cielos".
>
> —Lucas 10:20

Desde el comienzo, Jesús les estaba dejando saber: "No te excites por las cosas que suceden en Mi nombre. Sino por el hecho de que tu nombre está escrito en el Libro de la Vida del Cordero". Allí mismo, Él estableció la prioridad. Él dijo, "Yo no estoy impresionado con los espíritus que están sujetos a ti. Todo lo que dices que acabas de hacer—magnífico, pero regocíjate de que eres salvo. Entonces Yo estaré impresionado". Una persona que mantiene las riendas de su corazón y controla los patrones de su mente impresiona a Dios.

Un nuevo nacimiento...un nuevo mandato

Dios hizo nacer en mí el mensaje del "nuevo corazón," y desde entonces, todo lo que he predicado en las grandes plataformas—en todo lugar en el que he predicado—lo he experimentado. No he experimentado nada más grande.

Todos pensaron que mi libro *No More Sheets* fue un mensaje impresionante. Llegué a miles, a millones de personas. Prediqué ese mensaje porque lo había experimentado, pero déjeme decirlo otra vez, nunca he experimentado nada más grande que cuando Dios me dio un "nuevo corazón".

Yo tengo un mandato de Dios de predicar este mensaje. "¿Un mandato?" posiblemente se pregunte. Sí, porque creo que de todos los mensajes que he predicado, éste será el mejor—a pesar de que sea o no reconocido como tal por el hombre. El "nuevo corazón" fue el mejor mensaje de Jesús. Es la mejor historia de la Biblia. En toda la Escritura, el mayor interés de Dios está en esta verdad vital—los asuntos del corazón.

Capítulo 1

Necesitamos un **nuevo corazón**

Sí, tenemos un problema. Jeremías 17 dice que el corazón es desesperadamente perverso y engañoso, más que todas las cosas...¿Quién lo conocera?, (v. 9). Sin embargo antes de que podamos comenzar a mirar este problema del corazón engañoso, necesitamos señalar otro problema. Un asunto de importancia que ha sido parte del cristianismo por generaciones.

El sueño imposible

Dios me trajo a una relación con algunas personas seculares. En otras palabras, ellas no son salvas y no van a la iglesia. No obstante, nacieron y fueron educadas en la iglesia. Durante mi testimonio, uno de ellos me dijo, "Nosotros examinamos el cristianismo y vemos o bien personas que son muy dogmáticas en cuanto a lo que creen o quienes son demasiado superficiales en sus creencias, por lo que es difícil aceptar que Dios puede estabilizar la vida de una persona".

Eso me sorprendió. Me quedé asombrada, primero, de que él lo diría, y segundo, que era un punto válido. Luego este caballero hizo una declaración que me dejó tambaleando: "Si tú puedes encontrar un camino," él dijo "si alguien en el cristianismo puede encontrar la manera de hacer que vivir para Dios sea algo alcanzable y obtenible, entonces ustedes no saben cuánta gente vendría a Cristo".

Yo no creo que su punto de vista haya sido que la iglesia debería enseñar mediocridad. Esto selló una nota dentro de mí con respecto a la Palabra que Dios me ha hablado acerca del nuevo corazón. Mientras estábamos hablando, comencé a reflexionar sobre este nuevo corazón, y recordé la razón por la que Dios me ha apresurado a escribir este mensaje.

Llévame de vuelta

Yo había escuchado hablar sobre el nuevo corazón primero de la Madre Estella Boyd, una poderosa mujer de Dios de Detroit. Mucha gente conoce a la Madre Boyd y cuán poderosa es en el Espíritu. Hay veces en las que ella diría cosas "profundas", cosas que me asustarían, porque ella ministra y habla revelación del tercer reino.

Una noche yo estaba en una reunión de una iglesia donde la Madre Boyd estaba dirigiendo. Esa noche en particular, estábamos en uno de esos servicios donde el poder de Dios había descendido, dejando a todos arrodillados y postrados en todo lugar, adorando a Dios y extenuados—tirados o quietos en la presencia del Señor. La Madre Boyd habló, "Nosotros vamos a estar bien cuando recibamos ese nuevo corazón". La mitad de nosotros estábamos en el piso o sentados en los bancos, con la vestimenta un poco desalineada y los cabellos fuera de lugar después de perseverar en la alabanza durante el servicio de esa noche. Fue perturbador escuchar a la Madre Boyd diciendo que necesitábamos un "nuevo corazón" y que estaríamos bien cuando lo recibiéramos. Hace cinco años que la Madre Boyd habló esta Palabra, y ella nunca ha dejado mi espíritu.

En algún punto yo guardé eso en lo profundo de mi mente, pensando para mí misma, "¿Sabes qué? Eso es profundo". Cuando fui salva creí que si trabajaba en eso—dejando que Dios hiciera lo que Él iba a hacer en mí—eventualmente, Él "arreglaría" mi corazón. Aprendí a apartar semejantes revelaciones profundo en mi mente así Dios podría de algún modo usar esa información para hacer Su "arreglo" en mí.

Las palabras de la Madre Boyd acerca del nuevo corazón me punzaron y siempre estuvieron allí en mi mente, suficientemente profundas como para no olvidarlas. Sin embargo nunca hice nada al respecto. Luego, despues de mi experiencia en Chicago en mayo del 2000, comencé "a guardar" mi corazón. Pero no empecé a proseguir el "nuevo corazón" hasta casi un año despues, alrededor de enero del 2001.

Ese día cuando el caballero me sugirió que la gente estaba buscando un Dios alcanzable y obtenible, me pregunté, "¿Dios es alcanzable?" Reconocí que no podía contestar esa pregunta. Pero permanecí en pie allí tratando de ver cómo y porqué Dios había traído de vuelta a mi memoria Su mensaje para mí acerca del "nuevo corazón".

¿Por qué está sucediendo esto?, pensé. No entendí exactamente lo que el Señor estaba haciendo.

Tiempo de salir del problema

Comencé a cuestionar a Dios acerca de este nuevo corazón. Me sentí extraña, como si algún tipo de cáncer me estuviera consumiendo, algo que no podía sacar de mí. Supe que estaba recibiendo señales de parte de Dios. No solo predicaría este mensaje—yo estaba por aprender cómo "sacarlo".

Reconocí que desde la noche en que escuché a la Madre Boyd hablar acerca de un nuevo corazón por primera vez, sentí como si estuviese cayendo sobre mí misma tratando de entender lo que ella quiso decir. Tuve que ponerme de acuerdo con Dios y conmigo misma.

Comencé a observar a la gente en el ministerio. Miré la iglesia—perfectamente estructurada. Vi a las personas del coro vestidas con hermosas túnicas y el grupo de alabanza y adoración combinando sus prendas.

Un pastor llevaba puesto un elegante traje y corbata de "Versace" y su esposa estaría sentada con un tejido de "St. John"—se veía perfecto. Esto resumaba "perfección espiritual" al punto que se convirtió en un problema para mí.

Cuanto más observaba el problema, estaba más forzada a mirar dentro de mí. "Está bien, Juanita" me dije, "¿Cuál es tu problema? ¿Qué es lo que te molesta sobre este llamado a caminar con el Señor?" Comencé a examinar esto, y recordé las vidas de las personas que estuvieron en pie ante mí a través de los años. Me sentí casi como un ratón que estaba persiguiendo un trozo de queso, uno que nunca sería atrapado porque está atado a la cola del gato. ¡Ese gato me estaba corriendo por todo el edificio! Yo pude oler el queso; pude estar cerca del queso; pero nunca pude apoderarme de él porque el gato estaba siempre moviéndose.

Así que dije, "¿Cuál es mi problema?" Comprendí que a través de los años mi problema había sido mis propios sentimientos de insuficiencia espiritual. Yo miraría a mis líderes espirituales y pensaría, "No puedo convertirme en eso nunca". Nunca seré como la Madre Boyd. Nunca seré como el Obispo Stacks. Yo nunca seré como muchas de las personas que Dios ha puesto en mi vida como ejemplos espirituales. Sentí que nunca sería como ellos porque ellos eran una suma de perfección espiritual. Su estado, para mí, era inalcanzable.

> Cuando nosotros perseguimos la "imagen" de la perfección, no podemos empeñarnos en entender el corazón de Dios.

Una vez que comencé mi ministerio, Dios me ayudó a reconocer el error de mi corazón. La gente empezó a venir a mí y decir, "Profetisa Bynum, usted ha bendecido verdaderamente mi vida. Usted es una mujer de Dios".

Aún durante ese tiempo había áreas en mi vida donde Dios todavía estaba tratando conmigo. Dios estaba rompiendo algunas cosas dentro de mí y otras fuera de mí. En los ojos de otras personas, mi propia imagen se convirtió inalcanzable, pero esa no era la realidad. Dios comenzó tratando intensamente conmigo acerca de mi necesidad de predicar el mensaje del "nuevo corazón".

Si nosotros constantemente pintamos un cuadro en el que todo es perfecto, hermoso y maravilloso—"Usted sabe que ha alcanzado a Dios cuando se ve como yo...se viste como yo...camina y habla como yo"—¡Entonces hemos perdido a Dios totalmente! ¡Nos hemos convertido en un grupo de personas que constantemente persigue una imagen—no a Dios! ¿Esto es realidad? Cuando perseguimos la imagen de la perfección, no podemos empeñarnos en entender el corazón de Dios.

¿Quién está tratando de entender lo que Dios pide de nosotros? ¿Quién está tratando de entender que nuestra vida en Cristo, siquiera parte del cristianismo, es fundada en una relación individual que cada uno de nosotros debe tener con el Señor...a solas?

El cerebro ha asumido el control

Cuando yo empecé a entender la verdad básica que Dios estaba haciendo nacer en mí acerca del nuevo corazón, comencé a entender que el corazón es "desesperadamente engañoso".

Todos nosotros estamos luchando a nuestra manera, tratando de asegurar que hacemos "lo correcto" en nuestro corazón. A través de mi estudio, descubrí que este mundo se ha convertido en un mundo cerebral. Funciona desde las actividades del cerebro, fuera del intelecto de nuestra limitada inteligencia. Somos consumidos con conocimiento cerebral, y por esta razón, nuestras vidas están constantemente siendo formadas y manejadas por las leyes del intelecto. Lo que esto significa es lo siguiente: Si usted me hace mal, entonces mi intelecto (basado en la información que tengo acumulada de usted) reacciona y dice, "Voy a hacerle mal".

El cerebro nos enseña cómo proyectar, mentir, disimular y manipular. Aquí está la verdad. Dios ha puesto un espíritu de convicción en nuestros corazones, el cual nos corrige cuando hacemos algo mal. El mundo, de todos modos, nos ha entrenado para desviar la convicción de nuestros corazones y operar dentro de la esfera de nuestra mente y emociones. Por esta razón, tenemos un mundo caótico.

Esta es también la razón por la que ninguno está buscando de Dios por un corazón nuevo y cambiado. No queremos cambiar; solamente queremos sentirnos mejor—por el momento. Con el fin de conseguir gratificación eternal, nosotros tenemos que entregar algo ahora mismo.

Mi madre solía decir, "Tú sabes que estás creciendo cuando entregas tu derecho para ser 'justo'". Usted está madurando cuando es el primero en disculparse, el primero en mantener la paz, cuando usted es el primero en decir, "¿Qué hice mal?" antes de sujetar a las personas contra la pared por lo que le hicieron a usted. Usted se examina a sí mismo y dice, "¿Qué le hice a esa persona? ¿Hubo algo en mí que provocó su reacción?" Cuando usted mira el asunto de esta manera, entonces puede dominar la situación que ha estancado nuestra sociedad.

Con el fin de conseguir gratificación eterna, nosotros tenemos que entregar algo ahora mismo.

Cada uno es movido por sus emociones a través de su mente lógica, la cual siempre se encarga de ser "Número 1". Las emociones y la lógica reaccionan a las amenazas que perciben a su alrededor—siempre todos los demás están equivocados. Así es como gobierna el "viejo corazón". Esta es la razón de que poderosos conflictos son demasiados frecuentes en nuestro mundo.

¿Qué dice la Biblia sobre esto?

La Biblia dice que nosotros somos nacidos en el pecado y formados en maldad, (Sal 51:5). Somos nacidos con la naturaleza de un "viejo corazón" que ya está revestida con el potencial para hacer lo malo. Cuando venimos al mundo, nuestros corazones ya están formados por ese pecado.

La iniquidad es cualquier cosa que usted hace en la que no está Dios. Es cualquier cosa hecha en contra de la voluntad de Dios o en contra de las leyes o naturaleza de Dios. Si algo es contrario a Su carácter, eso es iniquidad. Usted ha sido formado en esa área que la sociedad le ha enseñado.

Como su corazón está compuesto del potencial para pecar, su mente es gradualmente entrenada para convertirse en un pecador profesional. Cuando su corazón y su mente "armonizan" en el espíritu, entonces usted tiene el corazón descrito en Jeremías 17:9 como "desesperadamente perverso". Es desesperadamente engañoso... ¿Quién puede conocerlo? ¿Quién puede entender las profundidades de ese corazón?

¿Cómo sé que lo que estoy diciendo es correcto? En Deuteronomio 8:11–14 leemos:

> "Cuidate de no olvidarte de Jehová tu Dios, para cumplir sus mandamientos, sus decretos y sus estatutos que te ordeno hoy; no suceda que comas y te sacies, y edifiques buenas casas en que habites, y tus vacas y tus ovejas se aumenten, y la plata y el oro se te multipliquen, y todo lo que tuvieres se aumente; y se enor-

gullezca tu corazón, y te olvides de Jehová tu Dios, que te sacó de tierra de Egipto, de casa de servidumbre".

Cuando usted mira a nuestra sociedad, ve que esto es verdadero—y no estoy hablando solamente del mundo secular; ¡estoy hablando de la iglesia! Nosotros estamos en la iglesia danzando, gritando y hablando en lenguas, sin embargo tenemos corazones de iniquidad así como el mundo. ¿Cómo es esto? Nuestros graneros están llenos, nuestros rebaños están alimentados, nuestras manadas están reunidas y nos hemos multiplicado. Hemos construído casas, y hemos multiplicado nuestras fuerzas. Nuestra plata ha sido multiplicada, nuestro oro ha sido multiplicado, y ahora nuestras mentes y nuestros corazones están levantados—en contra de Dios y en contra de cada uno—llenos de orgullo. Hemos olvidado al Señor.

El desastre del 11 de septiembre de trajo de vuelta una "búsqueda" en este país. Estos ataques y el miedo a continuos ataques terroristas desde otro país nos trajo a nuestras rodillas. Este incidente nos ayudó a reconocer que a pesar de todos los automóviles, casas y todo lo que tenemos, nosotros necesitamos al Señor. Antes del 11 de septiembre, de nuestros corazones y mentes habían dejado al Señor. No estábamos buscándole. Cuando andamos con corazones que están "formados en iniquidad", corazones que son nacidos dentro del pecado, buscar al Señor no es importante en ellos. Este tipo de corazón no viene con un "Sí, Señor" dentro.

¿Cuál es nuestra primera prioridad?

Nosotros tenemos personas y una sociedad de iglesias que están haciendo todo lo que pueden para andar en los caminos de Dios. Pero Deuteronomio 10:12 dice que no hay manera de andar en los caminos de Dios si usted no teme y ama al Señor "con todo su corazón y con toda su alma".

En esta Escritura la palabra alma indica la totalidad de su mente y de sus emociones.[1] De este modo usted no puede andar en los caminos de Dios si no le teme como Dios—con un temor para la obediencia, no un temor que trata de evadirle—un temor que lo someta a Él total y completamente. Usted no puede andar en sus caminos a menos que, número uno, le ame desde el centro de su ser, su corazón.

Cuando usted dice, "te amo Señor" pero todavía anda en sus propios caminos, usted no ama al Señor verdaderamente.

Así que, ¿cómo puede este "viejo corazón" que ha sido "nacido en pecado" y " formado en iniquidad", amar a Dios? El amor real no puede salir de su corazón. Sólo el tipo de amor filial (el cual significa el afecto humano natural con sus fuertes sentimientos) puede venir de un corazón perverso.[2] El amor ágape (incondicional y eternal) nunca es encontrado en nuestros "viejos corazones". La única manera en que usted puede amar a Dios verdaderamente es amándole con el mismo amor que Él le ha dado a usted. Esto tiene que combinar en el tercer reino. Usted no puede amar a Dios desde un nivel terrenal, porque Dios es eternal, y nunca funcionará si lo hace desde una perspectiva terrenal.

Cualquier cosa que es de la tierra es temporal.

2 Corintios 4:18 dice, "No mirando vosotros las cosas que se ven, sino las que no se ven; pues las cosas que se ven son temporales, pero las que no se ven son eternas…" Esas cosas nunca permanecen. Nosotros debemos mirar las cosas que son eternales, porque solo esas cosas permanecerán a través de la eternidad. Sea que usted lo reconozca o no, usted ya ha sido "hecho" para ver lo eternal—la elección es suya.

La decepción de la prosperidad

Nosotros debemos aprender a tratar con la decepción de la prosperidad. Podemos encontrarnos a nosotros mismos diciendo cosas como ésta: "Yo siento mucho amor por el Señor por todas las cosas con las que me bendijo". Esté consciente de la decepción que puede venir con la prosperidad de las bendiciones de Dios sobre nuestras vidas. Dios le dijo a los hijos de Israel:

> "Y te acordarás de todo el camino por donde te ha traído Jehová tu Dios estos cuarenta años en el desierto, para afligirte, para probarte, para saber lo que había en tu corazón, y si habías de guardar o no sus mandamientos".
>
> —Deuteronomio 8:2

Dios nos ha permitido ver el ejemplo de los hijos de Israel en el desierto para que pudiéramos aprender de sus experiencias. Así como Él tuvo que humillar a los Israelitas y crear un hambre espiritual en ellos, también nos ha "humillado" a nosotros y "nos permitió pasar hambre" (v.3). Vemos que Dios:

> "Y te afligió, y te hizo tener hambre, y te sustentó con maná, comida que no conocías tú, ni tus padres la

habían conocido, para hacerte saber que no solo de pan vivirá el hombre, mas de todo lo que sale de la boca de Jehová vivirá el hombre".

Yo creo que Dios ha permitido, no solo al mundo secular, sino también a la iglesia, andar por el "camino" que hemos andado para probarnos que no le amamos verdaderamente. Él ha hecho esto para "probarnos" y para ver lo que en verdad hay en nuestros corazones y nuestras mentes.

El problema que encaramos hoy, el cual es enorme y conlleva una importante labor, es que nosotros, el pueblo de Dios, debemos pedir un corazón nuevo. El problema es encontrar personas dispuestas a hacerlo. Tenemos que remover profundamente dentro del sistema de la iglesia para encontrar gente que está clamando a Dios...un remanente en el cuerpo de Cristo que esté dispuesto a decir en esta hora, "yo necesito tener el corazón de Dios. Tengo que tener un nuevo corazón. Tengo que estar dispuesto a mantener una relación verdadera con Dios fuera de los bancos de la iglesia, fuera del coro, fuera de mi predicador o evangelista favorito. ¿Cómo puedo volverme a Dios—solamente Dios?" Solamente Dios, sin todos los accesorios. Sólo Dios. ¿Dónde comienza esta relación? ¿Cómo nace? ¿Cuál es el propósito real de su relación con Dios?

El problema que encaramos hoy, el cual es enorme y conlleva una importante labor, es que nosotros, el pueblo de Dios, debemos pedir un corazón nuevo.

Una profunda mirada a la iglesia, el instrumento que Dios usa para atraer gente dentro de Su reino, trajo la siguiente pregunta: ¿Cómo la iglesia puede hacer la obra del Espíritu—no sólo la obra del cristianismo—al punto que tenga poder de ser compasiva como Cristo mismo? ¿Dónde encontraremos el amor eternal que necesitamos para abrazar a la clase de pecadores que están viniendo a Cristo en esta hora? ¿Cómo podemos trabajar para Dios cuando nuestros corazones están tan lejos de Él, cuando no sabemos quién es Él?

La decepción de la religión

Como una profeta yo miro el ejemplo de Salomón y estoy preocupada acerca de la longevidad de la iglesia. Si nosotros, la iglesia, no hacemos este cambio—de ser una organización religiosa a tener una relación con nuestro Padre—entonces en el siglo veintiuno vamos a fracasar en nuestros esfuerzos. No seremos capaces de cumplir lo que Dios nos ha dado para hacer.

El rey Salomón heredó el reino de su padre David; sin embargo, en 1 Reyes 11:3 descubrimos que "...sus mujeres desviaron su corazón". Aún cuando él inició su reinado sobre Israel buscando la sabiduría de Dios, y aún cuando él construyó el templo de Dios, su reino se convirtió en apenas un poco más que una organización religiosa—y él perdió su relación con su Padre Dios. Descubrimos que siguió a sus extranjeras e idólatras esposas en la adoración a dioses falsos, construyendo templos de adoración para ellos (v. 8). Como resultado:

> "Y se enojó Jehová contra Salomón, por cuanto su corazón se había apartado de Jehová Dios de Israel,

que se le había aparecido dos veces".

—1 Reyes 11:9

El rey Salomón fracasó en recibir su nuevo corazón. Así como sucedió con Salomón, yo creo que la furia de Dios está encendida contra nosotros cuando Él ve la manera en que estamos siendo arrastrados dentro de un cambio mundano, haciéndonos desviar de Sus caminos para andar en los caminos del mundo que nos rodea. Como Salomón, ni siquiera reconocemos que nuestros corazones están siendo desviados de Dios. Tal vez decimos, "Yo he sido religioso toda mi vida. ¿Necesito verdaderamente un nuevo corazón? ¿Por qué Dios estaría enojado conmigo?" Quizá hemos caminado cerca de Dios en el pasado y, como Salomón, hayamos orado por Su sabiduría para guiar nuestros pasos. El versículo 9 continúa para decirnos que ¡Dios ya se había aparecido a Salomón y le había ordenado no ir detrás de otros dioses! De todas maneras, Salomón no hizo lo que Dios le había ordenado. Su desobediencia encendió la furia de Dios:

"Y dijo Jehová a Salomón: por cuanto ha habido esto en ti, y no has guardado mi pacto y mis estatutos que yo te mandé, romperé de ti el reino, y lo entregaré a tu siervo".

—1 Reyes 11:11

Esta es una revelación poderosa—que tiene gran significado para nosotros. Dios ha estado advirtiendo a la iglesia por muchos años diciendo, "Quiero que provoques que Mi pueblo venga detrás de Mi corazón, que provoques a Mi pueblo a la justicia". Aún ahora, Dios está comenzando a poner Su Palabra en la boca de personas fuera de las paredes de la iglesia. ¡Gente fuera de la "organización" de la iglesia—"hippies", artistas seculares y otros—se están levantando y guiando al pueblo de Dios! Ellos no fueron nacidos ni educados en la iglesia; no sabían nada de Dios, pero a través de impartición divina, Dios está enseñándoles. Dios está usando esos "esclavos del mundo", personas funcionando en un "estado de siervos", en lugar de desobedientes "hijos e hijas" en la religión organizada.

En la iglesia nosotros nos hemos considerado ser "estructurados" y "poderosos". Pensamos que tenemos todas las respuestas. Tenemos una apariencia de Dios—pero porque no hemos vuelto nuestros corazones a Él, estamos dejándole sin opción. Estamos dejando a Dios sin otra elección que alcanzar a los paganos y levantarlos. Ellos son los que han recibido el nuevo corazón. Ellos están enseñando a las personas a venir a Él.

Este problema no sólo afecta a la iglesia, sino también al mundo. Como Salomón, muchos creyentes tienen prosperidad a sus propios ojos. Ellos han construído poderosos templos para Dios, como lo hizo Salomón. Ellos han recibido los aplausos del hombre. Pero es en este punto del éxito de "sí mismo" que el corazón puede estar en su mayor forma de decepción.

Entonces el mundo no puede ver a Jesús, ni puede la gente venir a Él.

¿Por qué? Porque sin reconocerlo, estos líderes han venido a que otros alaben sus trabajos. Ellos se han convertido en personas complacientes. Han olvidado que como hijos de Dios, fueron llamados a llevar la imagen de Cristo—sirviendo a otros.

"Y el que quiera ser primero entre vosotros será vuestro siervo; como el Hijo del Hombre no vino para ser servido, sino para servir, y para servir, y para dar su vidaen rescate por muchos".

—Mateo 20:27–28

Cuando nosotros olvidamos que estamos aquí para servir, no para ser servidos, el ciclo de decepción está en plena marcha. Entonces el mundo no puede ver a Jesús, ni puede la gente venir a Él.

Sí, iglesia, tenemos un problema...y este es sólo el comienzo.

Capítulo 2

Tenemos un **problema de adentro para fuera**

Dios continuó desplegando Su revelación sobre un nuevo corazón así como me enseñó la base de entrenamiento para el espíritu de iniquidad—nuestro cerebro. El cerebro es la "computadora" que recoge información del mundo dentro de este "centro de entrenamiento de la personalidad".

Según examiné la función que nuestro cerebro desempeña en desviar nuestros corazones de Dios, yo comencé a entender porqué todos en nuestra sociedad aprenden a acusar a otros de sus defectos y estilo de vida. Lo más fácil de hacer para la mente es culpar a otras personas.

Cuando nos confrontamos con nuestras propias iniquidades, es muy fácil para nosotros decir, "Bueno, soy perverso porque me ha sucedido esto o aquello", o "Estoy en esto porque me sucedió aquello". Vamos a mirar de cerca el lado espiritual del centro de entrenamiento del cerebro. El Salmo 51:5 registra las palabras de David:

> "He aquí, en maldad he sido formado, y en pecado me concibió mi madre".

No importa en qué manera una persona llega a este mundo, y aún cuando esa persona tal vez sea "moralmente buena", la naturaleza del pecado ronda sobre el corazón de esa persona porque opera dentro de la fría naturaleza carnal.

Lo más fácil de hacer para la mente es culpar a otras personas.

El pecado es manifestado y activado como resultado de la información que está provista en nuestra naturaleza pecaminosa, vía el "viejo corazón" y el cerebro. Cuando esa información de pecado alcanza el corazón, se conecta con el área fría y carnal que hay en él. Allí el cerebro justifica la información como que fue "aceptable". De esta unión de nuestro viejo y carnal corazón con nuestro cerebro, nosotros manifestamos esa información como un acto de pecado. De esta manera nos convertimos en "pecadores". De esto, somos formados en iniquidad, formados y levantados para entrar en una era de desobediencia hacia Dios.

Marcos 7:16–18 dice:

> "Si alguno tiene oídos para oir, oiga. Cuando se alejó de la multitud y entró en casa, le preguntaron sus discípulos sobre la parábola. Él les dijo: ¿También vosotros estáis así sin entendimiento? ¿No entendéis que todo lo de fuera que entra en el hombre, no le puede contaminar?"

¡Lo que viene desde afuera hacia dentro de usted no es lo que le hace impío! Marcos continúa su explicación diciendo:

> "Pero decía, que lo que del hombre sale, eso contamina al hombre. Porque de dentro, del corazón de los hombres, salen los malos pensamientos, los adulterios, las fornicaciones, los homicidios, los hurtos, las avaricias, las maldades, el engaño, la lascivia, la envidia, la maledicencia, la soberbia, la insensatez. Todas estas maldades de dentro salen, y contaminan al hombre".
>
> —Marcos 7:20–23

¿Es ésta la elección de Dios? ¡No! En el jardín del Edén nosotros elegimos nuestro propio destino. (Vea Gn 3:1–24). El Libro de Santiago nos explica más.

> "Cuando alguno es tentado, no diga que es tentado de parte de Dios; porque Dios no puede ser tentado por el mal, ni él tienta a nadie; sino que cada uno es tentado, cuando de su propia concupiscencia es atraído y seducido. Entonces la concupiscencia, después que ha concebido, da a luz el pecado; y el pecado, siendo consumado, da a luz la muerte".
>
> —Santiago 1:13–15

Nuestro problema está de adentro para fuera

El mundo—y parte de la iglesia—está clamando, pero nuestro problema siempre parece ser la culpa de alguien otro. Antes de que usted vea su propia necesidad, debe ser confrontado—así como yo lo fui—con la realidad de lo que Dios está diciendo. El problema no es lo que está entrando en su vida desde fuentes externas. No es la culpa de lo que está teniendo lugar alrededor suyo. Esas cosas que vienen "a usted" desde fuentes externas están meramente identificando algo que ya está en su corazón.

Si el problema "exterior" encuentra un lugar de identificación, un espíritu familiar, dentro de usted, entonces usted, absolutamente y sin lugar a dudas, necesita ser transformado. Usted necesita el "nuevo corazón". Jeremías 17:9 dice: "Engañoso es el corazón más que todas las cosas, y perverso; ¿quién lo conocerá (percibir, entender, estar familiarizado con su propio corazón y mente)?"

El corazón determina
si usted entra o no
al Reino de Dios.

¿Está este versículo hablando sobre alguien que trata con "sentimientos pequeños y malos" en contra de alguien? ¿De qué clase de corazón está hablando este versículo? ¿Por qué ahora la iglesia está en la posición de no reconocer que necesitamos un corazón nuevo? ¿Por qué sentimos que teniendo nuestra apariencia exterior "santa", vamos a algún sitio con Dios?

Esto es porque los hombres miran lo externo, pero Dios mira dentro—al corazón. Dios va a volver por nuestros corazones—nada más. El corazón—no la mente—determina si usted entra o no al reino de Dios.

Nosotros no deberíamos estar preocupados con cosas externas. Deberíamos enfocarnos en lo que está adentro. Cuando conseguimos que el "interior" esté en armonía con la Palabra de Dios, ¡cambiaremos! Dios nos dará un corazón nuevo, y este corazón comenzará a manifestarse en el hombre exterior precisamente como trabaja el viejo corazón, de adentro hacia afuera.

¿Cómo es nuestro viejo corazón?

¿Qué hay sobre nuestro viejo corazón? ¿Es simplemente un "pobre, pequeño, confundido, desordenado corazón? Podemos empezar a entender la condición de nuestro viejo corazón dando una mirada a Jeremías 17:9.

> "Engañoso es el corazón más que todas las cosas, y perverso; ¿quién lo conocerá climinate?"

En este versículo la palabra engañoso significa, "descarriarse por una falsa apariencia o declaración; hacer trampa". Debemos reconocer, primero y principalmente, que Dios ha llamado al viejo corazón "engañoso más que todas las cosas". No importa cuánto trate...en cuántos estudios bíblicos haya participado...o cuántas clases bíblicas usted toma. No me interesa cuántas veces usted dice, "Si puedo ir a la iglesia y cantar en el coro, todo estará bien".

¡No! Recuerde que este malvado corazón no sólo engaña a la gente, le engaña a USTED. Este corazón da una falsa apariencia, no sólo hacia la gente, pero también a USTED. Le hace pensar que si usted se ve bien, usted está bien.

Pero hay otra definición para la palabra engañoso que me sobresaltó—también significa, "ser infiel". El hecho más triste sobre este corazón—y otra vez, sorprendente—es que es "infiel". Nunca puede estar dedicado a Dios. Nunca puede mantener una promesa. Tal vez esta es la razón por la que las personas entran y salen de las relaciones constantemente, o porqué el índice de divorcio es tan alto. Acaso esta sea la razón por la que muchísimos niños están viviendo en orfanatos, o la prostitución esté desenfrenada. Tal vez sea el motivo por el que hay falta de integridad en el Cuerpo de Cristo. Este corazón engañoso no tiene lo que necesita para ser fiel a todo—Dios u hombre.

La palabra perverso da a entender que este corazón está "obstinadamente determinado a no hacer lo que se espera o desea". Esto es, "desviado de lo que es recto, bueno o apropiado". Este corazón ya tiene un obstinado deseo establecido dentro de su mecanismo para no llevar a cabo lo que es esperado o deseado.

Por ejemplo, cuando enseñamos o ministramos la Palabra de Dios y esperamos que, como resultado, la gente se comporte de cierta manera, nos aterramos cuando ellos no caminan en esa luz. Esperamos que sean diferentes, pero si el corazón dentro de ellos es como el corazón descrito en Jeremías 17, ¡no tiene la capacidad para ser "penetrado" por la Palabra de Dios! ¡Ya está lleno—de mentira! Éste viene con una voluntad establecida que dice, "yo no me someteré a Dios. Yo no obedeceré las cosas de Dios". La rebelión es ya parte del viejo corazón. La naturaleza del viejo corazón es ir en la dirección opuesta a la que Dios lo ha enviado.

Entonces cuando este corazón oye la Palabra de Dios, se queda adormecido en el santuario. La mente quizás "oiga" la Palabra, mientras que el corazón permanece inmutable. ¿Por qué? ¡Usted necesita un "nuevo corazón" para recibir y andar en los caminos de Dios!

Este corazón engañoso
no tiene lo que se necesita
para ser fiel a todo—
Dios u hombre.

El versículo en Jeremías también nombra al viejo corazón "perverso y corrupto e intensamente, mortalmente enfermo". No sólo mortalmente enfermo—severamente enfermo. La palabra severamente significa, "grave, crítico". Esto es "de extrema, intensa violencia en carácter y naturaleza". Este corazón destruye todo lo que toca. Puede actuar "aparentemente" por un tiempo, pero este corazón eventualmente hace pedazos las relaciones. Es malvado, no bondadoso. Este corazón le guiará a su tumba. Es un corazón nocivo que literalmente le quitará la vida.

Puesto que su naturaleza y carácter son violentos, usted no lo puede corregir. Cuando confronta personas con un "viejo corazón", puede esperar rebelión y una reacción áspera y violenta—tanto en la actitud como en la conversación.

El versículo dice, "¿quién lo conocerá?" familiarizado con su propio corazón. Cuando usted observa la palabra familiarizado, descubrirá que esta frase significa, "¿Quién está familiarizado suficientemente con su propio corazón como para equiparlo con conocimiento?" Esto es poderoso. ¿Quién conoce las profundidades de su corazón al grado que pueda proporcionarle conocimiento que lo llevará a caminar cerca de Dios? Ningún hombre. Dios nos dice en Jeremías 17:10:

> "Yo Jehová, que escudriño la mente, que pruebo el corazón, para dar a cada uno según su camino, según el fruto de sus obras".

¿Cuáles son esas obras? Yo creo que como Dios examina el corazón y la mente, Él va a darnos los frutos de las "obras" citados en Marcos 7; aquellas cosas sucias que salen de nuestros viejos corazones. (Ver Marcos 7:20–23.) Sí, tenemos un verdadero problema.

El insensible corazón del hombre

La Biblia dice en Mateo 13:15:

> "Porque el corazón de este pueblo se ha engrosado, y con los oídos oyen pesadamente, y han cerrado sus ojos; Para que no vean con los ojos, y oigan con los oídos, y con el corazón entiendan, y se conviertan y Yo los sane".

Efesios 4:17 agrega:

> "Esto, pues, digo y requiero en el Señor: que ya no andéis como los otros gentiles, que andan en la vanidad de su mente".

La frase "la vanidad de su mente" quiere decir que las mentes mundanas son "incapaces de producir algún resultado…inefectivo, inútil y sin éxito". Las personas que operan desde el reino de su alma, a través de sus mentes, son incapaces de producir cualquier cosa de valor eterno.

> "Teniendo el entendimiento entenebrecido, ajenos de la vida de Dios por la ignorancia que en ellos hay, por la dureza de su corazón".
>
> —Efesios 4:18

¿Usted puede ver lo que esto está diciéndonos? Estas mentes ignorantes quieren conocimiento, pero solo de acuerdo a sus propias percepciones. Ellos han elegido estar ciegos. Eso está grabado en ellos debido a la dureza de sus corazones (a la insensibilidad de su naturaleza moral).

La Palabra no puede penetrar en un corazón insensible. La única manera en que este corazón puede vivir es por el "conocimiento" de la mente, el cual nos trae de vuelta hacia el centro de información carnal, el cerebro.

La iniquidad alimenta constantemente la información del cerebro desde el reino terrenal. Este corazón insensible espiritualmente falla en discernir la verdad de la Palabra y envía este "nuevo conocimiento" al cerebro. Por turno, el cerebro trata de buscar razón para la revelación espiritual. Cuando no puede, rechaza la Palabra y la Hecha a un lado. Tristemente, nada de lo que tiene "aliento de vida"—especialmente la Palabra de Dios—es bienvenido en el corazón endurecido. En esta asociación con la mente, este corazón es impenetrable.

Si no pedimos un nuevo corazón y recibimos uno, la decepción se desparrama como un virus. ¿Cuáles son los signos indicadores de un corazón enfermo? Veamos algunos ejemplos.

Tierra a lo largo del camino

> "Oíd, pues, vosotros la parábola del sembrador: Cuando alguno oye la palabra del reino y no la entiende, viene el malo, y arrebata lo que fue sembrado en su corazón. Este es el que fue sembrado junto al camino".
>
> —Mateo 13:18–19

¿Cómo "el enemigo" es capaz de arrebatar una Palabra que ha sido sembrada en el corazón de alguien? Él está familiarizado con los terrenos. Él (Satanás) sabe que la Palabra está tratando de penetrar en ese corazón; él sabe que la base del carácter de ese corazón no tiene lo que necesita para absorber y sostener esa Palabra. El enemigo sabe que la Palabra está en el corazón que ha sido consumido por el espíritu de perversidad.

¿Alguna vez ha conocido a alguien que oyó la Palabra del Señor y luego trató de cambiar el significado de la misma para así justificar su pecado? Esto es lo que ocurre cuando el viejo corazón está en operación. Satanás, que conoce el terreno dentro de ese corazón porque él vive y gobierna allí, se proyecta a sí mismo allí porque no tiene un hogar. Él toma control de ese terreno porque el corazón está lleno de todos los trabajos del enemigo. Ese corazón está lleno de su carácter impío, y él no permitirá que lo justo y santo permanezca allí.

Al punto en que la Palabra del Señor procura penetrar en ese corazón, las cosas santas están traspasando ilegalmente el terreno del enemigo. Él ha tomado posesión del viejo corazón. Satanás tiene "terrenos" para operar en cualquier lado que obtenga un precedente legal. El reino terrenal es terreno "legal" para Satanás. Por esto es que los creyentes deben caminar en el Espíritu.

¡Satanás tiene autoridad para hacer cosas según la carne porque este terreno le pertenece! Él es "el príncipe del poder de los aires" (Ef 2:2). El reino terrenal es de él, pero a él no le fue dada autoridad sobre el reino espiritual.

Si su corazón no es "espiritual", Dios le dirá:

> "Porque a cualquiera que tiene, se le dará, y tendrá más; pero al que no tiene, aún lo que tiene le será quitado".
>
> —Mateo 13:12

¿Usted está recibiendo la revelación? Dios advierte que si usted no camina en el Espíritu (y la manera de "caminar" en el Espíritu es recibir un "nuevo corazón" por medio del Espíritu), Satanás puede tomar cualquier cosa justa que se halle en esos terrenos. ¡Él tiene derechos legales para cancelarlas! Usted le ha dado el derecho. Su corazón se ha convertido en terreno ajeno.

Tierra rocosa

> "Y el que fue sembrado en pedregales, éste es el que oye la Palabra, y al momento la recibe con gozo".
>
> —Mateo 13:20

Emocionalismo—¿está usted viendo la revelación? Mucha gente oye la Palabra y "la acepta con gozo". Usted puede verlo cada domingo en la iglesia. Gente gritando detrás del predicador, aclamando, "Amén, eso es" en toda la iglesia. Sin embargo la Biblia dice:

> "Pero no tiene raíz en sí, sino que es de corta duración, pues al venir la aflicción o la persecución por causa de la Palabra, luego tropieza".
>
> —Mateo 13:21

Dios está describiendo personas que oyen la Palabra, pero la misma no penetra en su corazón. No hay profundidad para que la Palabra pueda ser sembrada. Ella flota en el reino "emocional", y cuando alguna otra cosa "excitante" carga esas emociones en otra dirección, la primera Palabra es cancelada. Las emociones, que son carnales, toman prioridad en ese momento sobre la Palabra de Dios. La Palabra no reside en ese corazón, y no puede encontrar un lugar de descanso.

Tierra espinosa

> "El que fue sembrado entre espinos, éste es el que oye la Palabra, pero el afán de este siglo y el engaño de las riquezas ahogan la Palabra y la hacen infructuosa".
>
> —Mateo 13:22

La Palabra del Señor no puede ser plantada en un viejo corazón. Para que la Palabra del Señor penetre y eche raíces en nuestras vidas, debemos tener un corazón nuevo. Debemos sacar a Satanás de su trono en nuestras vidas. Santiago 1:21 nos dice cómo hacerlo:

> "Por lo cual, desechando toda inmundicia y abundancia de malicia, recibid con mansedumbre la palabra implantada, la cual puede salvar vuestras almas".

La Biblia nos dice que una vez que tenemos un nuevo corazón, nosotros vamos a:

> "...sed hacedores de la palabra, y no tan solamente oidores, engañandoos a vosotros mismos".
>
> —Santiago 1:22

Las personas que no tienen el "nuevo corazón" escuchan la verdad y luego comienzan a "traicionarse" así mismos con mentiras (razonando). Ellas razonan esa verdad pensando que "eso no es lo que la Biblia quiere decir". Sus corazones están demasiado llenos con el mundo y las cosas del mundo y son engañados con el pensamiento de que tienen todo lo que necesitan.

> "Porque si alguno es oidor de la palabra pero no hacedor de ella, éste es semejante al hombre que

> considera en el espejo su rostro natural. Porque él se considera a sí mismo, y se va, y luego olvida cómo era".
>
> —Santiago 1:23–24

El patrón se repite a través de la Biblia—necesitamos un nuevo corazón. ¿Por qué? Miremos un ejemplo de un "buen corazón" para ver lo que Dios desea.

Buena tierra

> "Mas el que fue sembrado en buena tierra, éste es el que oye y entiende la palabra, y da fruto: y produce a ciento, a sesenta, y a treinta por uno".
>
> —Mateo 13:23

La persona representada en esta parábola acerca de la buena tierra tiene un corazón convertido. Esta persona, que ha recibido un nuevo corazón, tiene la Palabra "activa" en su interior. La Palabra hablada de Dios se hace viva y produce buenos frutos. Esta Palabra tiene el poder de salvar y el poder de guardar. ¿Cómo sé que es efectiva? Hebreos 4:12 dice:

> "Porque la palabra de Dios es viva y eficaz, y más cortante que toda espada de dos filos; y penetra hasta partir el alma y el espíritu, las coyunturas y los tuétanos, y discierne los pensamientos y las intenciones del corazón".

¡La Palabra que penetra está llena de poder! Le da vigor a su espíritu, corazón y alma, así como realiza la voluntad de Dios. Esta Palabra nunca puede estar estancada. Recorre las complejas partes del hombre interior y "divide" todo lo que encuentra allí. Cuando el enemigo viene "como una inundación" la Palabra sabe como nadar. Cuando el fuego se enfurece, esa Palabra sabe cómo mantener su aliento. Cuando los vientos comienzan a soplar, esa Palabra está amarrada. Cuando el sol comienza a encenderse, esa Palabra sabe como estar bajo la sombra,—a pesar de cuál pueda ser la temperatura de la vida.

Cuando la Palabra hace morada en su corazón, opera con el poder divino y produce más frutos. Este corazón abraza la Palabra que ha recibido y produce más de lo que ha recibido. La Palabra que opera dentro de un "nuevo corazón" es activa. Se "identifica" con la naturaleza divina de Dios y se multiplica.

"Presa" en los bancos de la iglesia por pereza espiritual

Permítanos volver al "viejo corazón" y a nuestro texto de Efesios capítulo 4. Puesto que no está compuesto de "buena tierra", este corazón rechaza la Palabra, y el ciclo descendente continúa:

> "Los cuales, después que perdieron toda sensibilidad, se entregaron a la lascivia para cometer con avidez toda clase de impureza".
>
> —Efesios 4:19

Qué horrible situación. La gente sobre la cual este versículo está hablando ha caído presa de todo lo que es movido por "el príncipe del poder de los aires," todo lo que se mueve en la sociedad—¡extrañas y pervertidas sensualidades que oprimen a los que no tienen el nuevo corazón!

> La palabra que opera dentro de un "nuevo corazón" es activa. Se "identifica" con la naturaleza divina de Dios y se multiplica.

La apatía espiritual no tiene incorporado el sistema de defensa; nada "extraño" puede ser protegido. ¡La pereza espiritual no deja otra alternativa que vivir una vida temeraria! Esta gente es "presa" de una "desenfrenada sensualidad", ansiosa y codiciosa de satisfacer, en toda forma de impureza, lo que sus depravados deseos sugieren y demandan.

La gente perezosa no digiere la Palabra; no tiene la habilidad de analizarla. Están indefensos contra las estocadas del enemigo en "desenfrenada sensualidad". Por esto es que estamos horrorizados de lo que vemos en el mundo—clonación de seres humanos, hombres cambiando su sexo para convertirse en mujeres, mujeres convirtiéndose en hombres—todo tipo de degradación, porque este mundo se ha convertido en presa.

Cuando la Iglesia no avanza dentro del reino espiritual y recibe este "nuevo corazón", nos volvemos ociosos y nos convertimos en presas para el enemigo. ¡Por eso es que vemos demasiada degradación en la Iglesia! Cosas que nunca antes sucedieron en el Cuerpo de Cristo están saliendo de nuestros corazones engañadores.

Aquí está el problema: La Iglesia ha estado predicando el evangelio, pero no hemos estado predicando conversión. Hemos estado ministrando a la gente acerca de dónde necesitan estar, ¡pero no tenemos el poder de llevarlos donde ellos debieran estar! Hemos estado diciéndole a la gente lo que Dios está diciendo, pero no tenemos la unción sobre nuestras vidas para destruir el yugo del diablo para que ellos puedan ser convertidos—de la manera apropiada—para recibir un nuevo corazón para que la Palabra pueda penetrar y producir.

La gente está sentada en los bancos de las iglesias como "presas". Estamos sentados como conejos que están esperando ser atacados por el próximo león o tigre. ¡Somos como ciervos dando brincos en el desierto, esperando que el próximo animal salvaje nos ataque, y no tenemos defensa! Aún cuando tengamos madres y padres espirituales, y aunque tengamos pastores, todavía no tenemos defensa. ¿Por qué? Porque todavía no hemos recibido un nuevo corazón. Por lo tanto, somos presas fáciles para el diablo y cualquier tipo de sensualidad espiritual que oscila en la atmósfera. No podemos ayudar sólo satisfacer.

Nosotros operamos en nuestro reino espiritual. Cuando nuestra mente escucha la Palabra de Dios, nosotros sabemos que lo que estamos haciendo está mal. Sabemos que a Dios no le agrada. De acuerdo a la Palabra de Dios que oímos, sabemos que estamos atados al infierno. Pero no podemos detener el espiral descendente porque el viejo corazón está corriendo en dirección a cada pecado condenable.

El corazón corre hacia la impureza porque esa es su naturaleza. Mi pastor muchas veces nos dijo, "Si tú sacas a un cerdo fuera del corral, le pones un lazo blanco, lo pones limpio y lo sientas en una sala blanca sobre un sofá blanco, la primera vez que ese cerdo vea suciedad, el va a correr afuera de esa casa y va a volver a la suciedad, porque esa es su naturaleza".

Nosotros tratamos de vestir a la gente en la iglesia. Tenemos increíbles ventanas con vidrios de color y las más hermosas iglesias que el mundo haya visto jamás. Pero al minuto que la gente espiritualmente perezosa, que descansa en los bancos, ve la suciedad del diablo—impureza sexual, mentiras y engaños—ellos corren a eso porque es todavía su naturaleza.

Nuestro amoroso Padre Celestial nos advierte acerca de esa tendencia en Ezequiel 11:14–18:

> "Y vino a mí palabra de Jehová, diciendo: Hijo de hombre, tus hermanos, tus hermanos, los hombres de tu parentesco y toda la casa de Israel, toda ella son aquellos a quienes dijeron los moradores de Jerusalén: Alejaos de Jehová; a nosotros es dada la tierra en posesión. Por tanto, dí: Así ha dicho Jehová el Señor: Aunque les he arrojado lejos entre las naciones, y les he esparcido por las tierras, con todo eso les seré por un pequeño santuario en las tierras adonde lleguen. Di por tanto: Así ha dicho Jehová el Señor: Yo os recogeré de los pueblos, y os congregaré de las tierras en las cuales estáis esparcidos, y os daré la tierra de Israel. Y volverán allá, y quitarán de ella todas sus idolatrías y todas sus abominaciones.

Escuchen bien. En esta hora Dios está diciéndonos lo mismo:

> "Y les daré un corazón, y un espíritu nuevo pondré dentro de ellos; y quitaré el corazón de piedra de en medio de su carne, y les daré un corazón de carne, para que anden en mis ordenanzas, y guarden mis decretos y los cumplan, y me sean por pueblo, y yo sea a ellos por Dios".
>
> —Ezequiel 11:19–20

¿Cúal es la respuesta al problema? Nosotros necesitamos un corazón nuevo.

Capítulo 3

La profecía **comienza**

Usted tal vez se preguntará por qué Dios no trató conmigo personalmente con respecto a mi necesidad de un corazón nuevo hasta este día en mi ministerio. Dios comenzó tratando conmigo mucho antes que yo me asiera de Su Palabra acerca de mi necesidad de un corazón nuevo.

Yo recuerdo tiempos anteriores cuando el Señor me habló profundamente, algunas veces en medio de la noche o durante mi tiempo de oración, diciendo, "Juanita, tú necesitas un corazón nuevo". Pero yo no entendí. Yo sentí que lo tenía. Yo sabía que había algunas cosas con las que tenía que tratar por las situaciones causadas por ofensas pasadas. Pero yo sentí que yo había estado "trabajando con ellas".

Todos nosotros tenemos áreas que se han convertido en nuestra "fortaleza". Consideramos esas áreas como nuestras "debilidades," un término con el que fuimos enseñados por predicaciones en esa etapa de la vida.

La mayoría de las enseñanzas que yo he escuchado dicen, "Aliéntate", "Está bien", "Esa es tu debilidad" y "Dios entiende". De todos modos, el Señor entiende. Sin embargo yo creo que cuando usted es llamado a la oficina de un profeta y comienza a buscar al Señor con intensidad, usted se esfuerza no simplemente a recibir una Palabra de parte de Él para entregarla a la gente, sino a recibir una Palabra del Señor para usted.

Cuando usted escucha una Palabra de Él, comienza a cambiar "por dentro". Usted pidió por una Palabra para usted—una por la cual pueda vivir.

Oración que transforma

Muchos años atrás, mi vida comenzó a dar un vuelco cuando Dios me llamó a orar a las cinco de la mañana cada día. Yo intercedería en oración por otros, pero comencé a anhelar otro nivel en Dios para mí. Empecé a buscar al Señor por una nueva profundidad en Él, por el Dios de Abraham y el Dios de Jacob. Yo anhelé el Dios del Antiguo Testamento. Durante este tiempo recordaba ver manifestaciones del Espíritu y carácter de Dios en África. "Dios", oré, "Yo quiero una relación contigo para así creer en Tí para cualquier cosa. Yo quiero saber quién eres Tú tras la sombra de una duda". En cuanto vi al Señor con intensidad, comencé a cambiar. Una de las primeras Escrituras con la que me habló fue Mateo 5:8:

> "Bienaventurados los de limpio corazón, porque ellos verán a Dios".

Yo había leído ese versículo de las Bienaventuranzas muchas veces. Como una "bebé de Escuela Dominical" crecí en las Bienaventuranzas. Tan atrás como pueda recordar, como de tres o cuatro años de edad, mi madre nos llevó a la Escuela Dominical. Las Bienaventuranzas fueron algunas de las primeras verdades de la Biblia que yo aprendí.

Según comencé a buscar del Señor, "Bienaventurados los de limpio corazón: porque ellos verán a Dios" vino vivo a mi espíritu. ¿Cómo pudo haber pasado? ¿Por qué Dios me llevaría al principio cuando aprendí acerca de Él? Después de años de caminar con Él, vine a entender que hay diferentes niveles de revelación. Hay un nivel de "leche" de la Palabra, el cual conduce a aprender el "pan" de la Palabra, y finalmente, usted puede pasar al nivel de "carne" de la Palabra.

Aunque yo escuché esta Escritura muchas veces antes, creo que Dios estaba tratando de revelarme la "carne" de esta Palabra, la cual fue una revelación del tercer reino. Desde este reino detrás del velo, nosotros encontramos la divina presencia de Dios. Es donde aprendemos la plenitud de Su corazón e instrucción. Creo que así es como el Señor nos permite conocer "de" Él. Nuestro nivel espiritual de entendimiento es basado en la posición de nuestro corazón "con" Él.

Como esa Palabra del Señor, "Bienaventurados los de limpio corazón...", se fijó en mi espíritu, y recordé que siempre la había interpretado como, "Bienaventurados los de limpio corazón: porque un día, cuando muramos y vayamos al cielo, nosotros veremos a Dios". El Señor comenzó a decirme, "Yo deseo que tus ojos espirituales me vean ahora, pero la única manera en que Yo puedo revelarte Mis misterios es de acuerdo a Mi Palabra...los misterios aún no revelados al hombre".

En Jeremías 33:3, Dios dijo, "Clama a mí, y yo te responderé, y te enseñaré cosas grandes y ocultas que tú no conoces".

El Señor me dijo más adelante, "Yo te mostraré secretos que todavía no han sido revelados al hombre. Yo no revelaré Mis secretos a aquellos cuyo corazón y motivos no son puros". Luego agregó, "Si tú quieres verme de una manera que nunca antes me habías visto, entonces te estoy forzando a obtener un corazón nuevo".

Yo traté de responder diciendo, "Bueno...yo estoy esforzándome, y veo algunas cosas...sé que no todo en mi corazón está bien. Dios, sólo quiero que Tú lo arregles". Durante esta temporada de tempranas oraciones matutinas, Dios me reveló eso. Él no tenía deseos de reconstruir y "arreglar" mi viejo corazón. Su deseo y propósito era darme un corazón nuevo. En el fondo, yo sabía que Él tenía razón. ¿Cómo lo supe? El Señor me llevó a Lucas 6:45:

> "El hombre bueno, del buen tesoro de su corazón saca lo bueno; y el hombre malo, del mal tesoro de su corazón saca lo malo; porque de la abundancia del corazón habla la boca".

Cuando escuché el lenguaje que salió de mi boca y observé algunas de mis acciones, comencé confrontar lo que llamo "la verdad de toda la verdad". Algunas de esas acciones se repetían una y otra vez, aún luego de mucho tiempo en oración sobre ellas. La verdad que confronté fue que, como dijo el apóstol Pablo, después de haber predicado a otros, me he convertido en un naúfrago (1 Co 9:27). Busqué del Señor más intensamente y dije, "Dios sobre todas las cosas...". Puse mi ministerio, fama y personalidad televisiva en el quemador trasero. Le dije a Dios, "No me interesa lo que viene y va. Más que todo, quiero estar segura que soy salva verdaderamente".

Una revelación para el mundo

Mientras el Señor continuaba tratando conmigo acerca de un corazón nuevo, yo sabía que para el tiempo en que ministrara la Palabra, aprendería a "salir de esto". En ese tiempo, no entendí por qué tenía problemas perdonando a las personas que me habían ofendido. No entendí por qué estaba orando, "Dios, Tú sabes que estoy tratando de perdonarlos, pero parece que no puedo".

Él empezó a revelarme que el "viejo corazón" no viene con el perdón incluido. El viejo corazón no viene con misericordia. El viejo corazón no viene con compasión. Este corazón es nato para ser infiel a Dios. Es nato sin sumisión. La naturaleza de este corazón es operar desde un espíritu de rebelión—todo es condicional. Usted quizás oiga decir que el corazón inconverso tiene cualidades "eternales", pero esto contradice la Palabra de Dios.

"Tú debes comenzar a revelar esta Palabra al mundo", me dijo. "No te estoy dando esta verdad para que escondas las manos y le digas a la gente, 'Todo me está yendo bien. Todo está bien'".

Esto me hizo retroceder y dar una larga mirada a lo que yo pensé que sabía y entendía por mucho tiempo. Externamente, usted puede mirar a la iglesia y ver megaiglesias (grandes iglesias) surgiendo en todos lados. Los programas cristianos tienen altos "ratings" en la televisión. Sobre todo, el cristianismo está comenzando a ganar un nuevo respeto en el mundo.

Aún hoy, tengo que retroceder y preguntar, "¿Estamos nosotros ganando respeto porque predicamos un evangelio sin compromiso? ¿Estamos "clamando fuerte"? ¿O este respeto que estamos comenzando a disfrutar es porque la iglesia se está convirtiendo muy cosmética? ¿Estamos adquiriendo el "manto" de apariencia del mundo al grado que el mundo se sienta cómodo de venir al Dios que nosotros predicamos? ¿Están ellos viniendo a Él porque el Dios que predicamos, después de todo, no nos pide vendernos?"

Este evangelio "liviano" no exige que nos lamentemos, que vengamos al altar y nos esforcemos por el nacimiento de almas—el "verdadero" proceso del nuevo nacimiento que ocurre cuando un alma viene por el canal de nacimiento correcto. La "religión" de hoy dice, "Ven como estás y quédate como estás. Esto es sólo entre Dios y tú, porque Dios entiende". ¡Cuidado! La Biblia dice que en los postreros días, los corazones de los hombres se "enfriarán" y "no sufrirán la sana doctrina" (Mt 24:12; 2 Tim 4:3).

¿Qué quiero decir con sana doctrina? La sana doctrina es el tipo de doctrina que convierte los corazones de los hombres.

Una sobria realización para los ministros de Dios

Cuando usted entiende esta Palabra, usted sabe en algún punto que no va a ser la persona más popular. Sabe que ésta va a tomar una posición que le va a traer mucha persecución—como a mí.

Yo sé quién fui llamada a ser por Dios. Sé la clase de profeta que Él me ha llamado a ser. Algunos profetas son llamados a profetizar "lo bueno". Algunos profetas están llamados a profetizar prosperidad. Pero yo estoy llamada a estar en pie. Llamada a clamar fuertemente y no escatimar. Para conscientizar al pueblo de Dios que mientras ellos están obteniendo casas nuevas, automóviles nuevos, nuevos trabajos, necesitan tratar de obtener un nuevo corazón. El nuevo corazón nos hace ver las cosas de Dios.

El nuevo corazón trae el entendimiento de que cuando todo se ve caótico, como su corazón es puro usted puede ver por encima del caos y de los ataques que Satanás sopla en su dirección. Aunque usted esté rozando los fragmentos circulando en el lugar donde está parado, todavía puede ver a Dios. Cuando usted tiene un corazón puro, Dios no está oculto.

El corazón nuevo hace que veamos las cosas de Dios.

El Señor comenzó a hablarme desde Mateo 23:23–24:

> "Ay de vosotros, escribas y fariseos hipócritas! porque diezmáis la menta y el eneldo y el comino, y dejáis lo más importante de la ley: la justicia, la misericordia y la fe. Esto era necesario hacer, sin dejar de hacer aquello. Guías ciegos, que coláis el mosquito, y tragáis el camello!"

Dios comenzó a mostrarme que nosotros, mis compañeros ministros y profetas de esta hora, hemos empezado en concentrarnos en las casas, los automóviles, los nuevos trabajos y el dinero que está ingresando. Aún hemos fallado en enfocarnos en lo que es más importante. Debido a la falta de oración, nuestros corazones se han vuelto insensibles y, de este modo, impuros. No podemos escuchar el latido del corazón de Dios. No entendemos que el corazón de Dios ha quitado la paz.

En tiempos pasados, Dios "toleró" ciertas cosas. Ahora, la paz ha sido quitada, y las cosas son diferentes.

¿Por qué? Dios me dijo, "Después que vine a tí y te advertí una y otra vez..." Dios nos ayude. Su nivel de tolerancia está siendo agobiado, consumido, porque ahora la gente no está caminando en iniquidad debido a su ignorancia. Están caminando en iniquidad porque son rebeldes. La Biblia dice que la "rebelión es como el pecado de brujería" (1 S 15:23).

El Señor dice que ahora lo "más importante" es nuestra necesidad de recibir un corazón nuevo. Si nos negamos a hacer esto, el Señor diría desde Mateo 23:25–28:

> "¡Ay de vosotros, escribas y fariseos, hipócritas! porque limpiáis lo de fuera del vaso y del plato, pero por dentro estáis llenos de robo y de injusticia. ¡Fariseo ciego! Limpia primero lo de dentro del vaso y del plato, para que también lo de fuera sea limpio.¡Ay de vosotros, escribas y fariseos, hipócritas! porque sois semejantes a sepulcros blanqueados, que por fuera, a la verdad, se muestran hermosos, mas por dentro están llenos de huesos de muertos y de toda inmundicia".

Así también vosotros por fuera, a la verdad, os mostráis justos a los hombres, pero por dentro estáis llenos de hipocresía e iniquidad.

Una divina transferencia de paradigma

Dios comenzó a decirme, "En esta hora estoy llamando a mis profetas para que se purifiquen y así no profetizen a través del engaño. Mirando a esta "gloriosa" iglesia y profetizando de su hermosura, ellos no serán capaces de mirar en el interior de la iglesia. Ella está llena de desorden e iniquidad y de todo lo que es impuro y sucio".

Él me dijo, "Yo quiero que comiences a "especializarte" en lo que Yo me estoy especializando ahora. Esto es por lo cual estoy llevando a Mi pueblo a lo largo de un cierto camino, y los estoy bendiciendo. Les estoy permitiendo obtener las cosas que sus corazones desean, porque eso será el catalizador que usaré para probarles que ellos nunca me quisieron a Mí. Ellos me quisieron por las cosas—por los automóviles, por una casa, por un trabajo y un nuevo esposo".

"Cuando Yo les doy todo lo que sus corazones desean, y no hay frutos de un nuevo caminar en Mí, o de un corazón nuevo, entonces les estoy mostrando que nunca persiguieron la justicia cuando vinieron a Mí". Luego me llevó a la oración de Jeremías:

> "Aunque nuestras iniquidades testifican contra nosotros, oh Jehová, actúa por amor de tu nombre; porque nuestras rebeliones se han multiplicado, contra Tí hemos pecado. Oh esperanza de Israel, Guardador suyo en el tiempo de la aflicción, ¿por qué te has hecho forastero en la tierra, y como caminante que se retira a pasar la noche? ¿Por qué eres como hombre atónito, y como valiente que no puede librar? Sin embargo, tú estás entre nosotros, oh Jehová, y sobre nosotros es invocado tu nombre; no nos desampares".
>
> —Jeremías 14:7–9

Escuché la respuesta de Dios empezando en el verso 10:

> "Así ha dicho Jehová acerca de este pueblo: Se deleitaron en vagar,..."

Así como leí esto, Él me dijo, "Como los profetas están clamando a Mí por la gente, tengo que permitirte, Juanita, comenzar a ver la naturaleza de la gente. ¡Debemos tener cuidado de no estar clamando por la gente, o por individuos, quienes ni siquiera quieren a Dios! Él le dijo a Jeremías, "Estas personas son vagabundas".

Dios le dijo a Jeremías, "Como ya te lo señalé, Mi pueblo se ha deleitado en vagar. Ellos se han deleitado en desviarse de Mí".

> "...y no dieron reposo a sus pies; por tanto, Jehová no se agrada de ellos; se acordará ahora de su maldad, y castigará sus pecados. Me dijo Jehová; No ruegues por este pueblo para bien. Cuando ayunen, yo no oiré su clamor, y cuando ofrezcan holocausto y ofrenda..."
>
> —Jeremías 14:10–12

Aunque estemos haciendo muchas cosas admirables en el Cuerpo de Cristo, Dios me dijo, "Juanita, aún cuando tú estás yendo adelante y haciendo esto y aquello, y ayunando...no es una entrega sincera hacia Mí. Todavía no veo en Tí que tu voluntad ha sido dada a Mí al punto que tú quieras un corazón nuevo".

Luego Dios continuó hablándome desde Jeremías 14:12–13:

> "...y cuando ofrezcan holocausto y ofrenda no lo aceptaré, sino que los consumiré con espada, con hambre y con pestilencia. Y yo dije: ¡Ah! ¡ah, Señor Jehová! He aquí que los profetas les dicen: No veréis espada, ni habrá hambre entre vosotros, sino que en este lugar os daré paz verdadera".

Dios nos está enviando una advertencia. Debemos tener cuidado de que mientras nosotros estamos profetizando prosperidad y paz, ¡Dios no se está moviendo en las falsas profecías!

> "Me dijo entonces Jehová: Falsamente profetizan los profetas en mi nombre: no los envié, ni les mandé, ni les hablé; visión mentirosa, adivinación, vanidad y engaño de su corazón os profetizan. Por tanto, así ha dicho Jehová sobre los profetas que profetizan en mi nombre, los cuales yo no envié, y que dicen: Ni espada ni hambre habrá en esta tierra; con espada y con hambre serán consumidos esos profetas".
>
> —Jeremías 14:14–15

El Señor comenzó a tratar conmigo y dijo, "Si tú vas a entrar en esta oficina en esta última hora, Yo te fuerzo a clamar a Mi pueblo. Provocarlos a desear un nuevo corazón. Aunque tú escuches un profeta aquí...", (No estoy diciendo que Dios me dijo que esos serían falsos profetas), "...aunque escuches un profeta allí diciendo, 'Bendiciones', y otro diciendo, 'Paz', tú mejor clama lo que Yo te estoy llamando a Tí a clamar".

En este tiempo, así como te estoy llamando a clamar con respecto al corazón nuevo, hay un remanente de personas que Yo he preparado, y ya he comenzado a volver sus mentes. Los he puesto en el canal de parto para recibir esta conversión. Si tú no hablas lo que te llamo a hablar, causarás que una multitud de hombres y mujeres se pierdan en transgresiones y pecados porque tú fuiste con la profecía popular".

Se me ha preguntado en muchas ocasiones, "¿por qué usted piensa que Dios está diciendo esto ahora? Cuando usted mira, nuestras iglesias son más grandes hoy que nunca antes". Sí, pero ¿están las personas entregándose? ¿Están viniendo ellas al entendimiento del verdadero plan de salvación? ¿Están viniendo al entendimiento de "consejo", o ¿están viniendo al verdadero entendimiento de conversión?"

Yo tomé la carga de lo que vio Jeremías, de acuerdo a su palabra en el capítulo 9:

"¡Oh, si mi cabeza se hiciese aguas, y mis ojos fuentes de lágrimas, para que llore día y noche los muertos de la hija de mi pueblo! ¡Oh, quién me diese en el desierto un albergue de caminantes, para que dejase a mi pueblo, y de ellos me apartase! Porque todos ellos son adúlteros, congregación de prevaricadores".

—Jeremías 9:1–2

La gente está rindiendo más alabanza a sus pastores, a la belleza de sus iglesias, a los cantos de alabanza que a Dios.

"Hicieron que su lengua lanzara mentira como un arco, y no se fortalecieron para la verdad en la tierra; porque de mal en mal procedieron, y me han desconocido, dice Jehová. Guárdese cada uno de su compañero, y en ningún hermano tenga confianza; porque todo hermano engaña con falacia, y todo compañero anda calumniando".

—Jeremías 9:2–4

¿Todavía quiere saber por qué necesitamos un corazón nuevo? Los versículos 5 y 6 dicen:

"Y cada uno habla a su compañero, y ninguno habla verdad; acostumbraron su lengua a hablar mentira, se ocupan de actuar perversamente. Su morada está en medio del engaño; por muy engañadores no quisieron conocerme, dice Jehová."

¿Qué dijo Dios acerca del corazón en Jeremías 17? Él dijo que por sobre todas las cosas, el corazón es desesperadamente perverso y engañoso. Cuando usted ve que esa perversidad y engaño prevalecen en nuestras iglesias y en nuestra sociedad, entonces usted sabe que *la iglesia debe buscar a Dios por un corazón nuevo.*

> "Por tanto, así ha dicho Jehová de los ejércitos: He aquí que yo los refinaré y los probaré; porque ¿qué más he de hacer por la hija de mi pueblo? Saeta afilada es la lengua de ellos; engaño habla; con su boca dice paz a su amigo, y dentro de sí pone sus asechanzas".
>
> —Jeremías 9:7–8

Yo quiero repetir esto: "Saeta afilada es la lengua de ellos; engaño habla; con su boca dice paz a su amigo, y dentro de sí pone sus asechanzas". Dios nos ayude.

Este versículo indica que hay un paralelo, entre Israel en los días de Jeremías y la Iglesia en esta hora final. Para mucha gente, lo que hacemos y lo que decimos son dos cosas diferentes. Aún tratamos de esconder quiénes somos y qué hacemos cubriéndolo con lo que decimos. Eventualmente eso cambiará. ¿Por qué? Porque cuando este perverso corazón se llene y active, habiendo sido alimentado por iniquidad, y permita a la mente asumir el control total, veremos las profundidades de este corazón viejo operando en su potencial completo.

Nosotros todavía trataremos de cubrirlo una y otra vez diciendo, "yo no soy así". Sin embargo, eventualmente, tendremos que hacer frente al hecho de que nos hemos vuelto como los fariseos en Mateo 12:34, a quienes Jesús confrontó diciendo:

> "¡Generación de víboras! ¿Cómo podéis hablar lo bueno, siendo malos? Porque de la abundancia del corazón habla la boca".

No podemos escondernos de la verdad

No puede esconder quién es usted realmente. Eventualmente, ese "viejo corazón" dentro suyo irá a su máximo funcionamiento. Usted no puede suprimirlo. No puede evitar que ese maligno corazón funcione. Su naturaleza es funcionar, y cuando comienza a hacerlo a su potencial completo, entonces las palabras de su boca hablarán de la abundancia de su corazón.

Si usted quiere saber qué hay dentro suyo, y de que está lleno su corazón, escuche su conversación.

Mentiras, engaños y trampería saldrán de su boca. Trampas para su hermano escaparán de sus labios. De su boca saldrá codicia y lujuria por la carne y las cosas—antes que palabras reflejando un justo deseo de buscar y obedecer a Dios. Si usted quiere saber qué hay dentro suyo, y de qué está lleno su corazón, escuche su conversación.

Todo está desnudo delante de Aquel a quién tenemos que dar cuenta. (Ver Hebreos 4:13.) Dios nos está llamando hoy—como líderes—a ser genuinos y marcar pautas para otros.

Nosotros debemos seguir el corazón nuevo, o no seremos capaces de entender y obedecer lo que Él nos está diciendo.

Capítulo 4

La palabra profética **se profundiza**

El Señor continuó advirtiéndome a la vez que me guió a Ezequiel 13. Según Él me habló, yo reconocí que no solamente no quise llevar la Palabra a otros, pero tampoco quise admitir públicamente que Dios había estado tratando conmigo acerca de recibir un corazón nuevo. Esto es engaño.

> "Antes del quebrantamiento es la soberbia, y antes de la caída la altivez de espíritu".
>
> —Proverbios 16:18

Yo reconocí el espíritu de orgullo en mis pensamientos: *Tú no quieres decir eso porque predicas el evangelio; tú no le quieres decir eso a la gente. Cuando el orgullo viene sobre tí de esta manera, la tendencia es siempre cubrirlo. Dios comenzó a revelarme que ese encubrimiento no es siempre la mejor forma de ayudar a la gente.* Dios me ha mostrado (como lo mencioné en el capítulo anterior) que conducir nuestras vidas mostrándonos como "Los Intocables"—aparentando que lo tenemos todo, como si fuéramos perfectos—no deja un camino derecho para que otros lo sigan. Para la gente es mejor seguir un camino que ya ha sido recorrido.

Este es el punto del verdadero liderazgo, la herencia de padres y madres espirituales. Desde que ya hemos recorrido el camino espiritual que otros recorren, así como una madre o un padre en el reino natural, deberíamos estar dispuestos a compartir esas experiencias con nuestros "hijos", entonces ellos (y sus hijos) pueden aprender por el mismo ejemplo.

Dios me explicó, "Yo estoy tratando de mostrarte que cuando tú recibes un corazón nuevo, puedes ser tentado de afuera, pero no hay pecado dentro. Lo que viene "de afuera" no encontrará una identificación con nada de lo que está "dentro" tuyo. Tú serás capaz de estar firme en tiempos de prueba. Tú serás capaz de estar firme en contra de la tentación. Tú serás capaz de estar firme en oposición a las estratagemas de Satanás".

Luego me llevó a Ezequiel 13, ayudándome a entender que como profeta en esta hora, no podía tener mi boca cerrada por mucho tiempo. No podía silenciar por mucho tiempo el latido de Dios.

> "Vino a mí palabra de Jehová, diciendo: Hijo de hombre, profetiza contra los profetas de Israel que profetizan, y di a los que profetizan de su propio corazón: Oíd palabra de Jehová. Así ha dicho Jehová el Señor: ¡Ay de los profetas insensatos, que andan en pos de su propio espíritu, y nada han visto! Como zorras en los desiertos fueron tus profetas, oh Israel. No habéis subido a las brechas, ni habéis edificado un muro alrededor de la casa de Israel, para que resista firme en la batalla en el día de Jehová".
>
> —Ezequiel 13:1–5

En otras palabras, Dios estaba diciendo, "Ustedes

no han fortificado los muros de Mi pueblo, no han 'depositado' en ellos al punto que su hombre interior haya sido fortalecido contra los fuertes ataques de Satanás". ¡Porque Sus profetas no hicieron esto, hoy vemos como muchos creyentes son "sacados" y derrotados en la batalla del Señor!

¿Por qué Jesús tuvo a Sus discípulos con Él en todo tiempo? ¿Cúal fue el requisito?

¿Qué es esta batalla? El apóstol Pablo describió la batalla cuando dijo, "Porque el deseo de la carne es contra el Espíritu, y el del Espíritu es contra la carne; y éstos se oponen entre sí, para que no hagáis lo que quisiereis", (Gl 5:17). Si los muros no han sido edificados de acuerdo a Ezequiel 13:15...si nadie se ha parado en la brecha...si nadie ha asido las puntas del altar...si nadie ha lamentado y demostrado el "ejemplo" de lamento...si nadie ha mostrado a los santos cómo caminar, padecer y resistir...entonces no hay ejemplo para que la gente sepa cómo pararse durante la batalla del Señor.

Alguna vez se preguntó, "¿Por qué Jesús tuvo a sus discípulos caminando con Él en todo tiempo? ¿Cúal fue el requisito?"

Fue necesario para los discípulos aprender cómo seguir los pasos de Jesús, así como ha sido necesario para Jesús aprender cómo seguir los pasos de Su Padre. Ellos necesitaron observar a Jesús en los caminos del Padre para ser enseñados a cómo operar en señales, prodigios y milagros. Él tuvo que mostrarles el ejemplo para ir a través de las brechas que Él ha aprendido a través de la obediencia a Su Padre. Los discípulos aprendieron cómo someterse observando el ejemplo de Jesús. Él les enseñó, mediante su ejemplo, cómo ser perseguidos sin devolver la guerra. Él les mostró cómo ser azotados y nunca decir una palabra. Él les mostró cómo padecer por la justicia.

- Él les mostró cómo ir a la cruz y morir por los pecados del mundo.
- Él demostró cómo sacrificar y ofrecer sus vidas por un hermano.
- Él les mostró cómo "pararse en la brecha" por alguien que necesitó a Dios.

Jesús vivió un modelo. Como resultado, cuando Pedro fue perseguido, él sabía cómo morir. Pablo sabía cómo morir. Los discípulos y primitivos seguidores de Jesús fueron enseñados a morir. Ellos comprendieron el modelo y sabían cómo estar firmes en la batalla del Señor.

Profetas que profetizan falsas esperanzas

> "Vieron vanidad y adivinación mentirosa. Dicen: Ha dicho Jehová, y Jehová no los envió; con todo, esperan que él confirme la palabra de ellos".
>
> —Ezequiel 13:6

Los profetas que profetizaron falsas esperanzas a la gente hicieron creer al hombre que la "paz" sobre la que ellos estaban profetizando era posible. Ellos dieron la impresión de que Dios estaba "entendiendo" el presente letargo espiritual en medio de Su pueblo.

Así como en los días de Ezequiel, gente en todas

partes está confiando en la voz del profeta que viene en nombre de Dios. Ellos están buscando una confirmación de lo que el profeta ha hablado. Pero en realidad, lo que el profeta ha hablado no es lo que Dios está diciendo. Mucha gente ha sido manipulada por falsas esperanzas, las cuales les traerá deseperación y los dejará en un estado final de desesperanza. Cuando la desesperanza penetre su confianza en Dios, ellos caerán al borde del camino.

La Palabra del Señor continúa en los versículos 7–11:

> "¿No habéis visto visión vana, y no habéis dicho adivinación mentirosa, pues que decís: Dijo Jehová, no habiendo yo hablado? Por tanto, así ha dicho Jehová el Señor: Por cuanto vosotros habéis hablado vanidad, y habéis visto mentira, por tanto he aquí yo estoy contra vosotros, dice Jehová el Señor. Estará mi mano contra los profetas que ven vanidad y adivinan mentira; no estarán en la congregación de mi pueblo, ni serán inscritos en el libro de la casa de Israel, ni a la tierra de Israel volverán; y sabréis que yo soy Jehová el Señor. Sí, por cuanto engañaron a mi pueblo, diciendo: Paz, no habiendo paz; y uno edificaba la pared, y he aquí que los otros la recubrían con lodo suelto, di a los recubridores con lodo suelto, que caerá; vendrá lluvia torrencial, y enviaré piedras de granizo que la hagan caer, y viento tempestuoso la romperá".

Una vez más, Dios está advirtiendo en contra de ponernos el manto de apariencia exterior. Muchos son engañados a recrearse en la seducción del encanto que trae el cristianismo. Aún los profetas de Dios, Sus vigilantes, no hablan la verdad a la gente acerca de su necesidad de profundizar en Dios.

Cuando retrocedemos y vemos personas edificar paredes endebles en cosas que no tienen substancia, darse vuelta y encubrirlas, estamos diciendo, "Eso es bueno. Por lo menos no estás donde estabas...eso es maravilloso. Lo estás haciendo bien".

Dios está diciendo que si yo rehuso predicar este mensaje sobre un corazón nuevo...Si yo rehuso darle la verdad para ayudarle a entender que todos nosotros necesitamos un corazón nuevo, entonces le estoy preparando para una caída, porque esa débil pared en el cristianismo caerá.

> "Di a los recubridores con lodo suelto, que caerá; vendrá lluvia torrencial, y enviaré piedras de granizo que la hagan caer, y viento tempestuoso la romperá".
>
> —Ezequiel 13:11

Cuando viene el enemigo y cuando las tormentas de la vida están soplando, muchos caen al borde del camino. Ellos sólo tenían la apariencia exterior de una débil pared que ha sido encubierta por un falso profeta. Ellos no tienen profundidad en Dios porque aún no han recibido el corazón nuevo.

Ezequiel 13:12 continúa:

> "Y he aquí cuando la pared haya caído, ¿no os dirán: Dónde está la embarradura con que la recubristeis?"

Cuando la gente cae en error y no puede encontrar su salida...Cuando es lanzada dentro de una era de oscuridad, usted puede estar seguro que esas mismas personas no se aproximarán a usted. Ellas dirán, "Usted es un hombre o una mujer de Dios. Yo pensé que "esto" o "aquello" estaba bien. Yo pensé que usted dijo que no había nada malo en esto. Yo pensé que usted dijo que Dios entendía. ¿Por qué me encuentro en la situación en que estoy ahora? ¿Por qué soy atacado en la manera en que estoy siendo atacado ahora?"

Como hombres y mujeres de Dios...como portavoces de Dios en este mundo en tinieblas, debemos estar seguros que no hemos profetizado falsa esperanza a la gente adormecida espiritualmente.

Usted no puede guiar a la gente más allá de lo que usted ha ido

Dios me ha revelado que cuando Él le ha puesto en una posición, pero no tiene profundidad en Él, usted sólo puede predicar desde el reino en el que camina. Usted puede levantar a una persona solamente hasta el nivel en el que está. La profundidad de su discurso es la que puede ofrecer a otros. Tiene que haber purificación en el sacerdocio, purificación en el liderazgo.

Los líderes deben comenzar a buscar a Dios por el corazón nuevo, para que así, mediante el ejemplo, ellos puedan provocar en la gente el deseo de un corazón nuevo.

> "Por tanto, así ha dicho Jehová el Señor: Haré que la rompa viento tempestuoso con mi ira, y lluvia torrencial vendrá con mi furor, y piedras de granizo con enojo para consumir".
>
> —Ezequiel 13:13

Dios está diciendo, "Tú piensas que estás seguro y que lo tienes todo. Pero Yo te estoy diciendo que si no tienes profundidad en Mí, y si no recibes este nuevo corazón"...

Tiene que haber purificación en el sacerdocio, purificación en el liderazgo.

La Palabra del Señor viene a usted para decir, "Yo voy a enviar un viento, y ese viento va a soplar. Voy a soltar el granizo que vendrá en abrumadora lluvia. Estoy haciendo esto porque te amo. Estoy haciendo esto para derribar la pared y para que puedas ver que no eres tan fuerte como tú piensas. No necesitas solo estructura—nacesitas un depósito. Necesitas ser transformado. Necesitas ser convertido.

"Cuando miro y veo aquellos que Yo he elegido desde antes de la fundación del mundo para ser nacidos de nuevo y transformados, y veo un falso profeta tratando de ayudarles a construir algo que no va a ser capaz de permanecer, entonces no tengo otra alternativa que enviar un viento que lo derribe. Ese viento continuará derribándolo. Te mantendrá en el horno ardiente...en el reino de aflicción...para mostrarte que hay otra profundidad, otra altura, a la cual te estoy llamando". *¡Así dice el Señor!*

En Ezequiel 13:14, Dios dice:

> "Así desbarataré la pared que vosotros recubristeis con lodo suelto, y la echaré a tierra, y será descubierto su cimiento, y caerá, y seréis consumidos en medio de ella; y sabréis que yo soy Jehová".

Dios está reiterando, "Tú lo sabrás, tú entenderás y reconocerás que no fui Yo, que eso no era de Dios. Porque lo que es de Dios es eterno. Lo que es de Dios pasa la prueba del tiempo. Lo que es de Dios ya ha sido tratado en el fuego y ha salido puro como el oro".

> "Cumpliré así mi furor en la pared y en los que la recubrieron con lodo suelto; y os diré: No existe la pared ni los que la recubrieron, los profetas de Israel que profetizan acerca de Jerusalén, y ven para ella visión de paz, no habiendo paz, dice Jehová el Señor. Y tú, hijo de hombre, pon tu rostro contra las hijas de tu pueblo que profetizan de su propio corazón, y profetiza contra ellas, y di: Así ha dicho Jehová el Señor: ¡Ay de aquellas que cosen vendas mágicas para todas las manos, y hacen velos mágicos para la cabeza de toda edad, para cazar las almas! ¿Habéis de cazar las almas de mi pueblo, para mantener así vuestra propia vida?"
>
> —Ezequiel 13:15–18

En esta última hora estamos siendo confrontados con un orden de sacerdocio que elige atrapar la vida de las personas profetizando y predicando mentiras—no entregándoles la Palabra del Señor de acuerdo a la sustancia de la Palabra—con el fin de mantenerse vivos.

Dios me guió a un camino de muerte

Cuando Dios comenzó a decir, "Yo quiero que prediques sobre el corazón nuevo", fue un reino de muerte para mí. Fue una "exposición" para mí. Tuve que reconocer "públicamente" que necesitaba un corazón nuevo y que había cosas dentro mío que no agradaban a Dios.

Si usted llega al punto donde dice, "Yo estoy llamado por Dios para profetizar", "Yo estoy llamada por Dios a ser maestro", o "Yo estoy llamado por Dios para predicar el evangelio a los pobres y abrir los ojos de los ciegos y liberar a los cautivos", usted será forzado a entregar su propia vida, también su reputación si fuera necesario, por las vidas del pueblo de Dios. Si usted mantiene su propia vida, caminando alrededor como si nunca hubiera hecho nada mal, como si todo en su vida es perfecto, usted pondrá una venda que cegará a la gente. Si son cegados, no pueden ver a Dios. Si sus corazones son atrapados, seguramente morirán.

Leemos en Ezequiel 13:19:

> "¿Y habéis de profanarme entre mi pueblo por puñados de cebada y por pedazos de pan, matando a las personas que no deben morir, y dando la vida a las personas que no deben vivir, mintiendo a mi pueblo que escucha la mentira?"

En otras palabras, "Porque tú no consigues llegar al punto...". Él me dijo, "Porque la gente te está trayendo ofrendas y dándote regalos, y porque están dispuestos a hacer esto por tí...". Dios no tuvo que decirme nada más.

Piense acerca de esto. Somos parte de un sacerdocio que conduce los mejores automóviles y viste los trajes más finos, zapatos de caimán y tejidos "St. John"—y estamos dando "paz" a aquellos que Dios ya ha maldecido y debieran morir. ¡Y le estamos diciendo a las personas que debieran vivir, que ellos van a morir!

Si la gente es cegada, no puede ver a Dios. Si sus corazones están atrapados, seguramente morirán.

Nosotros tenemos el evangelio invertido. Le decimos a aquellos que están comprometiéndose y viviendo cerca del borde del mundo, "Tú eres maravilloso; tú vas a estar bien". No obstante ellos no tienen deseos de "venderse" a Dios.

Pero a la gente que está muriendo a la carne y entregando todo para seguir a Dios, les decimos—mediante una falsa revelación y una evaluación de sus circunstancias—"Estás yendo demasiado profundo". "Tú oras demasiado". "Eres demasiado justo". "Tú estás yendo demasiado lejos". "Ten cuidado, te volverás loco orando dos o tres horas por día".

Estamos pronunciando muerte a la gente que está entregándose a Dios, y pronunciando vida a los que caminan en carnalidad de acuerdo al espíritu de este mundo. Estamos ciegos por nuestro propio engaño. Estamos ciegos por el "viejo corazón". Ezequiel 13:20 continúa:

> "Por tanto así ha dicho Jehová el Señor: He aquí yo estoy contra vuestras vendas mágicas, con que cazáis las almas al vuelo; yo las libraré de vuestras manos, y las soltaré para que vuelen como aves las almas que vosotras cazáis volando".

Nosotros estamos ciegos por nuestro propio engaño. Estamos ciegos por el "viejo corazón".

"Tal vez piense que puede escapar de esto", Dios está diciendo, "¡pero *sólo es por un tiempo*!"

Escuche la Palabra del Señor que viene de esta página al corazón de cada predicador y maestro: "Si tú no comienzas a enseñar el evangelio completo...si no comienzas a advertir a Mi pueblo acerca de sus caminos y los inquietas a estar seguros de que tienen el corazón puro...entonces Yo voy a librarlos de tí, voy a hacer libres a los que fueron atrapados por tí. Tú mismo serás destruído".

> "Romperé asimismo vuestros velos mágicos, y libraré a mi pueblo de vuestra mano, y no estarán más como presa en vuestra mano; y sabréis que yo soy Jehová".
>
> —Ezequiel 13:21

El pueblo de Dios no permanecerá por mucho tiempo en las manos de aquellos que no los han guiado al corazón nuevo. Si usted ha fallado en liberar al pueblo de Dios, su ministerio caerá. Si yo he fallado, mi ministerio seguramente caerá.

> "Por cuanto entristecisteis con mentiras el corazón del justo, al cual yo no entristecí, y fortalecisteis las manos del impío, para que no se apartase de su mal camino, infundiéndole ánimo, por tanto no veréis más visión vana, ni practicaréis más adivinación; y libraré mi pueblo de vuestra mano, y sabréis que yo soy Jehová".
>
> —Ezequiel 13:22–23

El tiempo para el cambio ha venido

Cuando le digo que no hemos visto la caída, créame. No hemos visto el juicio de Dios como lo veremos un día. Dios está hablando al liderazgo en este capítulo, llamándonos a llevar a cabo nuestro destino provocando a Su pueblo a caminar en el Espíritu así no ponemos atención a las cosas de la carne. Debemos volver a dirigir este caminar de fe a las cosas espirituales, no a las de la carne...a una experiencia de rectitud, no a una mundana.

Como pastores, maestros y profetas en esta hora de predicación del evangelio, deberíamos estar sintiendo la temperatura del reino espiritual. Debemos clamar a los corazones del pueblo de Dios, de acuerdo a Hebreos 3:12–13, y decir:

> "Mirad, hermanos, que no haya en ninguno de vosotros corazón malo de incredulidad para apartarse del Dios vivo; antes exhortaos los unos a los otros cada día, entre tanto que se dice: Hoy; para que ninguno de vosotros se endurezca por el engaño del pecado".

Estamos viviendo en la hora final, y el encanto del mundo está causándonos ser estafados por el enemigo. El "manto exterior" está engañándonos. La Palabra del Señor está constantemente sonando en mi espíritu diciendo que tenemos "forma de piedad," pero estamos "negando el poder de eso" (2 Tim 3:5). Tenemos todo lo que compone la "imagen" de Dios, pero el poder real es capaz de decir sí a Dios y no al diablo.

Aún mientras usted está leyendo estas palabras, como profeta de Dios yo ato las manos del enemigo que podría tratar de venir sobre usted con miedo para impedir que haga lo recto.

Predica el mensaje de un corazón nuevo

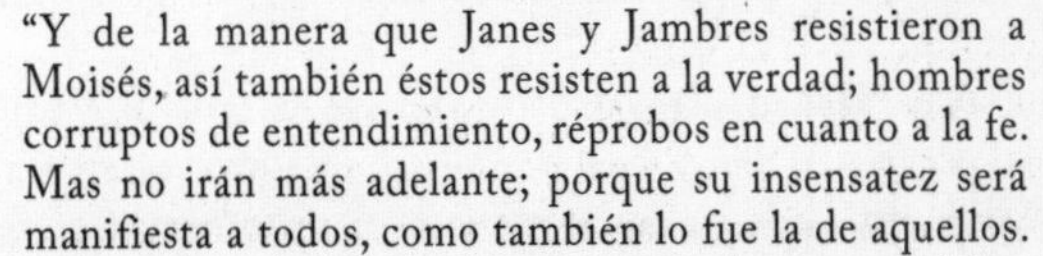

> "Y de la manera que Janes y Jambres resistieron a Moisés, así también éstos resisten a la verdad; hombres corruptos de entendimiento, réprobos en cuanto a la fe. Mas no irán más adelante; porque su insensatez será manifiesta a todos, como también lo fue la de aquellos. Pero tú has seguido mi doctrina, conducta, propósito, fe, longanimidad, amor, paciencia...".
>
> —2 Timoteo 3:8–10

Timoteo está describiendo a una persona que ha recibido el corazón nuevo. Esta es la única clase de persona que puede predicar este mensaje. Usted no puede predicar diligencia, conducta, propósito en la vida, fe, paciencia, amor y constancia sin haber recibido esas características de Dios. Yo le animo a que siga leyendo, y descubrirá la verdad que yo encontré sobre este "corazón nuevo". Esta revelación literalmente me postró en silencio, en temor santo de Dios, ponderando las profundidades de Su obra.

Lo que sale del corazón va al corazón, como leemos en Salmo 42:7: "Un abismo llama a otro...".

Tenemos todo lo que necesitamos para componer la "imagen" de Dios, pero el *poder real* está siendo capaz de decir *sí* a Dios y *no* al diablo.

En Timoteo leemos: "Pero tú has seguido mi doctrina, conducta, propósito, fe, longanimidad, amor, paciencia, persecuciones, padecimientos, como los que me sobrevinieron en Antioquía, en Iconio, en Listra; persecuciones que he sufrido, y de todas me ha librado el Señor" (2 Tim 3:10–11).

Eso es verdad. En cuanto usted se pare y provoque a la gente a ir detrás de un corazón nuevo, usted será perseguido. Dios, de todas maneras, ha prometido en Su Palabra que Él le librará de cada uno de sus enemigos.

> "Y también todos los que quieren vivir piadosamente en Cristo Jesús padecerán persecución; mas los malos hombres y los engañadores irán de mal en peor, engañando y siendo engañados. Pero persiste tú en lo que has aprendido y te persuadiste, sabiendo de quién has aprendido; y que desde la niñez has sabido las Sagradas Escrituras, las cuales te pueden hacer sabio para la salvación por la fe que es en Cristo Jesús.

> Toda la Escritura es inspirada por Dios, y útil para enseñar, para redargüir, para corregir, para instruir en justicia...".
>
> —2 Timoteo 3: 12–16

Las Escrituras no fueron escritas para hacer a la gente saltar y gritar, o para hacerle creer en cosas como: "Ah, voy a recibir un automóvil". "Voy a recibir una casa". "Mi vida va a ser perfecta cuando sea salvo". ¡No! El poder que está viniendo—y este nuevo nivel de la Palabra que va afectar este siglo veintiuno—va a ser la clase de evangelio que le ayudará a determinar quién ha estado encerrado en oración con Dios, quién ha recibido un corazón nuevo y quién conoce el latir de Dios. ¡El Evangelio que ellos predicarán será de acuerdo a 2 Timoteo!

Este Evangelio será "beneficioso para instruir, redargüir y convencer de pecado". ¡Cuidado! No es para adquirir casas y automóviles. No es para adquirir prosperidad, aunque la prosperidad es parte de una vida recta. Es verdad que cuando usted "busca primero el reino de Dios, y su justicia...todas estas cosas serán añadidas" (Mt 6:33). ¡Absolutamente! ¡El balance de esa Palabra, y el balance del poder de ese mensaje, es el hecho de que DIOS "lo ha inspirado"!

La Escritura dice, "Cada Escritura es inspirada por Dios y útil para instruir, redargüir y convencer de pecado". Aún cuando toda la Escritura es inspirada por Dios, hay épocas en que Él "inspira" un cierto texto. Hay tiempos y épocas en nuestro mundo cuando Dios "inspira" determinada Palabra para llevar a cabo una asignación específica. Él hace esto porque sabe qué es lo que viene en camino.

Si nosotros estamos predicando un Evangelio en esta hora que no es una Palabra inspirada por Dios para este tiempo, no habrá convicción de pecado aunque golpeemos nuestras caderas, demos vuelta al órgano y hagamos que la gente dé gritos a nuestras espaldas. Sin esa convicción de pecado, simplemente estamos cubriéndolos con sábanas mientras ellos hablan en lenguas, corren alrededor de la iglesia o caen sobre sus rodillas.

Cuando Dios me apuntó este pasaje, no tuve otra elección que escuchar la Palabra del Señor. También escribí una nota al lado de esa escritura que dice *sí* a Dios. Cuando Él dijo, "Lee, hija", y yo lo hice, Él declaró, "Ahora te encargo...".

Hay tiempos y épocas en nuestro mundo cuando Dios "inspira" determinada Palabra para llevar a cabo una asignación específica.

Así como Él me encargó esa verdad, yo se la encargo a usted, lector. Si usted tiene este libro en sus manos, ¡Dios está dirigiendo nuevamente su espíritu! 2 Timoteo 4:1–2 dice:

> "Te encarezco delante de Dios y del Señor Jesucristo, que juzgará a los vivos y a los muertos en su manifestación y en su reino, que prediques la palabra; que instes a tiempo y fuera de tiempo; redarguye, reprende, exhorta con toda paciencia y doctrina".

Ésta es mi asignación—no alentar a las personas que están haciendo lo equivocado, sino mostrar al pueblo de Dios dónde sus vidas están equivocadas. Y:

> "Que prediques la palabra; que instes a tiempo y fuera de tiempo; redarguye, reprende, exhorta con toda

> paciencia y doctrina. Porque vendrá tiempo cuando no sufrirán la sana doctrina, sino que teniendo comezón de oir, se amontonarán maestros conforme a sus propias concupiscencias".
>
> —2 Timoteo 4: 2–3

Es nuestro encargo enseñar a la gente cómo tomar responsabilidad por sus errores. La gente no debería decir, "La razón por la que estoy en esto es porque el pastor 'Fulano' me dijo que todo estaba bien". La razón por la que actúo así es porque el pastor 'Sutano' me dijo que Dios entiende".

También es nuestro encargo—lo primero y principal—decir y hacer exactamente lo que Dios ordena. No vamos a predicar lo que pensamos que la gente necesita o quiere escuchar. Vamos a predicar y enseñar bajo la dirección de Dios, y dejar que Él tenga cuidado de lo demás. En 2 Pedro 2:15–19, el Señor dijo:

> "Han dejado el camino recto, y se han extraviado siguiendo el camino de Balaam hijo de Beor, el cual amó el premio de la maldad, y fue reprendido por su iniquidad; pues una muda bestia de carga, hablando con voz de hombre, refrenó la locura del profeta. Éstos son fuentes sin agua, y nubes empujadas por la tormenta; para los cuales la más densa oscuridad está reservada para siempre. Pues hablando palabras infladas y vanas, seducen con concupiscencias de la carne y disoluciones a los que verdaderamente habían huido de los que viven en error. Les prometen libertad, y ellos mismos son esclavos de corrupción. Porque el que es vencido por alguno es hecho esclavo del que lo venció".

¡Nosotros no podemos permitirnos ser esclavizados por el engaño, especialmente mientras estamos haciendo el trabajo de Dios! Debemos servir a Dios desde un corazón nuevo, uno que sólo Él puede dar y que debemos conservar. Él nos está encargando a tornarlo hacia Él, a poner nuestros rostros como "pedernal" hacia Su divino propósito en esta hora final. Segunda Timoteo 4:4–5 concluye nuestro encargo:

> "Y apartarán de la verdad el oído y se volverán a las fábulas. Pero tú sé sobrio en todo, soporta las aflicciones, haz obra de evangelista, cumple tu ministerio".

Capítulo 5

El corazón: ¿Quién puede conocerlo?

Sí, tenemos un problema, y los ministros de Dios sostienen una gran responsabilidad. Ésto, de todos modos, no quita la responsabilidad individual de procurar tener el nuevo corazón. Cada uno de nosotros deberá rendir cuentas a Dios por sus palabras y acciones (Mt 12:36; Heb 4:13). Todos hemos estado contaminados con un enfermo y viejo corazón, el cual está tratando de controlarnos. ¿Cómo podemos "conocer" este corazón engañoso?

Yo he tocado ya algunos aspectos del viejo corazón. Con el fin de que usted pueda entender completamente el mensaje de Dios en esta hora, debo continuar demostrando que el viejo corazón existe. Es importante entender que hay personas en el mundo—y en la iglesia—que tienen el viejo corazón. Todos necesitamos el nuevo corazón.

Jeremías 17 es la base para lo que Dios está diciendo. Él está tratando de conseguir—y mantener—nuestra atención. Es vital que entendamos esta verdad. Lo primero que descubrimos acerca del corazón en Jeremías 17:9 es que él es "engañoso sobre todas las cosas".

Cuando el Señor comenzó a revelarme esta Palabra, no quise oirla. Yo había visto ya las señales de mis propios defectos, pero sentí que ellos eran sólo parte de mi carácter. En realidad, estaba tomando la salida más fácil.

El factor de gracia

Muchas veces los creyentes abusamos de "la gracia" en nuestro caminar con Dios. Asumimos una posición cómoda donde no tengamos que cambiar determinados comportamientos porque sabemos que esa gracia está allí. Mediante nuestra propia pereza espiritual, estamos usando la libertad de Cristo como una ocasión para la carne.

> "¿Qué, pues, diremos? ¿Perseveraremos en el pecado para que la gracia abunde? En ninguna manera. Porque los que hemos muerto al pecado, ¿cómo viviremos aún en él? ¿O no sabéis que todos los que hemos sido bautizados en Cristo Jesús, hemos sido bautizados en su muerte? Porque somos sepultados juntamente con él para muerte por el bautismo, a fin de que como Cristo resucitó de los muertos, por la gloria del Padre, así también nosotros andemos en vida nueva".
>
> —Romanos 6:1–4

Después que Dios dio a luz esta verdad dentro de mi espíritu, comencé reconociendo rasgos de personalidad manifestándose desde dentro de mí que eran evidencia del viejo corazón. Cada vez que esto pasaba, simplemente decía, "Señor, perdóname". ¡Pero después de un período de tiempo, volvían a manifestarse—algunas veces en las cosas diarias! Aunque me arrepentía cada vez, saldrían a la superficie nuevamente.

Yo sé que Dios estaba dándome oportunidades para dejar que mi mente sea transformada. Pero, como muchas personas, antes de gastar tiempo en encontrar por qué estos defectos continuaban saliendo a la superficie y tratando de entender por qué yo seguía fracasando en esas áreas, por razón de comodidad mantuve esas cosas y dije, "Esto es solo parte de mi personalidad". "Así es como soy". "Dios entiende cómo soy". Estaba cómoda y arraigada dentro del letárgico marco de la mente.

Cuando usted cae en esta trampa, la misma se extiende a su círculo interior y a sus alrededores. Entonces la decepción empeora. Antes que usted tenga que ajustar y cambiar algunas cosas acerca de su personalidad y carácter, sus amigos y asociados comienzan a aceptar ese comportamiento como si fuera "usted" porque se ha convertido en una parte suya. Ellos condicionan sus personalidades y caracteres para dar lugar a esa parte suya, la cual no ha sido purificada.

Como resultado, usted se queda en el lugar en que está. Una vez que la gente se ha acostumbrado a su comportamiento del "viejo corazón", ellos lo evitan. Todos se aseguran de no hacer nada que traiga esa parte de su temperamento a la superficie. Si eso sale a la superficie, ellos dicen, "Bueno, así es ella".

Y usted hace lo mismo. Acaba diciendo las mismas cosas sobre ellos. Nos olvidamos que la Biblia nos ha dicho no conocer a nadie "según la carne", (2 Co 5–16). El Señor comenzó a hacerme entender que Él no estaba exigiéndome ajustar esos defectos para ser aceptada—Él me estaba exigiendo un cambio.

Engaño de sí mismo

Lo primero que Dios tuvo que romper fue mi engaño acerca de mí misma, porque "el corazón es engañoso sobre todas las cosas" (Jer 17:9). Mi propio corazón estaba engañándome. Después de crecer en la iglesia y ser salva, constantemente "caía", haciendo cosas que estaban fuera de la voluntad de Dios. Llegué a esta comprensión—su corazón puede ser engañado sin que usted lo sepa, porque usted vive para Dios según el "factor religioso".

¿Qué quiero decir con un factor religioso? Es cuando nosotros comparamos nuestra rectitud con la rectitud de otras personas, antes que a la de Dios. Medimos quiénes somos comparándonos con otros. Siempre encontrará alguien que usted "siente" es peor, o "menos recto", que usted. Evaluarse a sí mismo en comparación a otros (que son tan imperfectos como usted lo es) es una sutil trampa del enemigo.

Cuando usted se compara con otra persona, su corazón le engaña haciéndole pensar que usted no es tan malo. Mira que malo es 'Fulano'. O podría compararse con alguien y pensar, "Bueno, él y yo, o ella y yo, somos muy parecidos, entonces no estoy tan mal".

Usted comienza a identificarse con el comportamiento de otras personas, intentando imitar "la personalidad saliente" en el cristianismo de este tiempo. Todos hacen lo mismo—lo cual es *familiar* y *aceptable*. Estamos todos metidos como en un balde lleno de cangrejos, diciendo, "Este es el camino 'cristiano', y todos son así". Todos se arraigan y se acomodan con ese particular estilo de vida hasta que el Señor le revela a alguien que hay más que eso. Hay mucho más siguiéndole a Él que tropezando y haciendo disparates con la multitud.

> Su corazón puede ser engañado sin que usted lo sepa, porque usted vive para Dios según el "factor religioso".

Lo triste es que su mente no hará nada para protegerse—incluso en situaciones problemáticas. Por ejemplo, acusa a alguien mientras al mismo tiempo se identifica con otros, todo para justificarse. La razón de esto es que todo lo que entra en el cerebro es procesado primero a través de nuestras emociones. Nuestras emociones, le guste o no, deciden lo que es o no es apropiado antes que la lógica separe las cosas. Este es el peligro del viejo corazón.

Sólo el corazón nuevo puede ver a través de esto. Si usted le pide a Dios un corazón nuevo, puede comenzar a perseguir la perfección de Dios y dejar salir lo que usted cree hasta el punto en que su corazón se haga "perfecto" en Él.

Cuando esto suceda, usted dejará de compararse con otros. Usted le permitirá a Dios que lo evalúe apropiadamente. Él puede inspeccionar su corazón y darle la clasificación correcta. Si Él le da a su corazón una clasificación baja, entonces sabe que está fallando. ¡Pero Dios le dará un corazón nuevo!

¿No salvo o cayendo?

Apocalipsis 2:4–5 nos advierte:

> "Pero tengo contra tí, que has dejado tu primer amor. Recuerda, por tanto, de dónde has caído, y arrepiéntete, y haz las primeras obras; pues si no, vendré pronto a tí, y quitaré tu candelero de su lugar, sino te hubieres arrepentido".

¿Cómo sabe usted cuándo necesita un corazón nuevo? ¿Cómo puede conocer la diferencia entre cometer un error y dejar su primer amor?

Un proceso paso a paso

Efesios 4 nos da un proceso paso a paso para enseñarnos a reconocer cuando hemos caído de nuestro primer amor y necesitamos un corazón nuevo.

> "Esto, pues, digo y requiero en el Señor: que ya no andéis como los otros gentiles, que andan en la vanidad de su mente".
>
> —Efesios 4:17

1. Una mente "fútil" es incapaz de producir algún resultado.

Recuerde que una mente "fútil" es incapaz de producir algún resultado; es inefectiva, inútil y fracasada. El patrón de pensamiento de esta mente no produce nada que es fructífero o provechoso. El primer paso es cuando miramos las cosas a nuestra manera y pervertimos la Palabra de Dios.

2. Nuestro entendimiento moral está entenebrecido.

"Su entendimiento moral está entenebrecido y su razonamiento es sombrío" (v.18). Este es el segundo paso. Cuando usted comienza a hacer cosas profanas y aún trata de justificar por qué las está haciendo, su entendimiento moral está entenebrecido y su razonamiento es sombrío.

3. Nosotros explicamos nuestras acciones de acuerdo al conocimiento mundano e información carnal.

"Teniendo el entendimiento entenebrecido, ajenos de la vida de Dios por la ignorancia que en ellos hay..." (v. 18). Vivimos en un mundo cerebral. Este mundo se mueve de acuerdo al conocimiento, no de acuerdo al corazón nuevo. Es impulsado por nuestra mente y las ansias por el conocimiento, el cual trae poder personal. Todos están nadando en sudor para ganar más información y conocimiento. No obstante siguen siendo ignorantes acerca de Dios y sus caminos; ellos son como la gente descrita en 2 Timoteo 3:7, quienes "...están siempre aprendiendo, y nunca pueden llegar al conocimiento de la verdad".

Como resultado, tratamos de encubrir nuestras acciones "explicándolas" de acuerdo al conocimiento mundano e información carnal. Ganando este conocimiento e información puede, otra vez, engañar el viejo corazón pensando, estoy lleno de conocimiento; por lo tanto, tengo entendimiento de Dios. Ni siquiera. Usted puede leer la Biblia y comprenderla de acuerdo al idioma español, pero la única manera en que usted puede entenderla de acuerdo al Espíritu es mediante la virtud del corazón nuevo.

4. Persistentemente hacemos cosas a nuestra manera.

Efesios 4:18 continúa, "...por la ignorancia que en ellos hay, por la dureza de su corazón". Este es el paso cuatro—persistentemente hacer las cosas a nuestra manera. Nos hemos convertido voluntariamente en ciegos, e incapaces de ver. Hemos elegido esto. Hemos estado haciendo algo en determinada manera por años y años, hasta que finalmente creemos que estamos caminando en los caminos de Dios cuando estamos en un error. Nuestros corazones se han endurecido y se ha vuelto insensibles a lo que es recto delante de Dios.

> "Los cuales, después que perdieron toda sensibilidad, se entregaron a la lascivia para cometer con avidez toda clase de impureza. Mas vosotros no habéis aprendido así a Cristo".
>
> —Efesios 4:19–20

Esto está diciendo que de todo el entendimiento y conocimiento que usted haya ganado, estas cosas "sensuales" continúan manifestándose en su vida a diario. No estoy hablando de cuando comete un error. Usted hace cosas a diario—al punto en que se ha convertido "obstinadamente ciego". Su corazón ha sido endurecido, y se ha vuelto insensible al hecho de que está viviendo una vida imprudente delante de Dios.

5. Se complace en las impurezas que se le presentan. Quizás se haya aprendido el vocabulario de la Escritura, pero no ha aprendido de Cristo. No ha comprendido espiritualmente el propósito y la razón por la que Él murió. Por lo tanto, como lo dije en el capítulo dos, usted se ha convertido en víctima de las influencias del mundo y del enemigo. Puesto que no ha conocido a Cristo, se complace en cada impureza que se le presenta. Este es el quinto y último paso. Los versículos 21–24 dicen:

> "Si en verdad le habéis oído, y habéis sido por él enseñados, conforme a la verdad que está en Jesús. En cuanto a la pasada manera de vivir, despojas del viejo hombre, que está viciado conforme a los deseos engañosos, y renovaos en el espíritu de vuestra mente, y

> vestíos del nuevo hombre, creado según Dios en la justicia y santidad de la verdad".

¿Ve usted un patrón negativo formándose en su vida? Entonces necesita un corazón nuevo.

El engaño de la carne

Antes de que yo pase a las obras de la carne, quiero estar segura de que usted entiende la totalidad del significado de la carne. Se refiere al cuerpo físico o a la naturaleza humana (opuesta a la naturaleza de Dios) con sus "debilidades y pasiones". La carne es usted—en lo natural—dentro y fuera. La carne "interna" es parte de su viejo corazón y su mente no renovada, la cual causa que la carne "externa" desobedezca a Dios.

> "Digo, pues: Andad en el Espíritu, y no satisfagáis los deseos de la carne. Porque el deseo de la carne es contra el Espíritu, y el del Espíritu es contra la carne; y éstos se oponen entre sí, para que no hagáis lo que quisiéreis. Pero si sois guiados por el Espíritu, no estáis bajo la ley.
>
> —Gálatas 5:16–18

Los versículos 19–21 detallan las obras de la carne—lea de cerca:

> "Y manifiestas son las obras de la carne, que son: adulterio, fornicación, inmundicia, lascivia, idolatrías, hechicerías, enemistades, pleitos, celos, ira, contiendas, disensiones, herejías, envidias, homicidios, borracheras, orgías, y cosas semejantes a estas; acerca de las cuales os amonesto, como ya os lo he dicho antes, que los que practican tales cosas no heredarán el reino de Dios".

Estas son sólo algunas de las características del corazón que está siendo hecho manifiesto. Jeremías 17:9 dice que el corazón es desesperadamente perverso; ¿quién puede conocerlo? Esto debe significar que nosotros sólo podemos mencionar algunas de las características. Junto con estas cosas, y detrás de ellas, hay otras que han sido "alojadas" en el "viejo corazón," que todavía no han salido a la luz.

El engaño del "control"

¿Alguna vez ha estado en una situación en la cual se dice a sí mismo, "Nunca haré esto" o "Nunca haré aquello"? No puedo decirle la cantidad de veces que yo he dicho que nunca haría algo, y luego acababa haciendo eso. Esto es porque el viejo corazón está en un itinerario, al grado que cuando le es permitido permanecer dentro suyo, se hace más fuerte por haber sido alimentado del conocimiento mundano del cerebro. Nosotros "alojamos" este viejo corazón hasta que cada obra maligna desde el fondo del abismo sale a la superficie.

Sólo piense en esto. ¿Cómo puede un hombre entrar a una escuela y comenzar a apuñalar a niños pequeños? ¿De dónde viene eso? ¿Cómo puede una persona conseguir una escopeta, entrar a un "McDonald's" y comenzar a disparar matando personas? ¿Qué es lo que lleva a un terrorista a chocar un avión dentro de las torres gemelas de la ciudad de New York? No es que estas personas simplemente planearon hacer esas cosas. Las profundidades de ese maligno corazón estaban manifestándose.

Eso comienza poco a poco, con las cosas que usted

"piensa" que puede controlar—lo cual se convierte en el siguiente engaño de Satanás. Él permite que usted piense que usted está en control de ese "viejo corazón". Él permite que piense, 'Yo tengo esto bajo control. Solo bebí un trago'. O, 'solo fumé un cigarrillo'. Él sabe que si usted continúa dejando ese corazón indisputable, sin ser cambiado y sin ser convertido—todo lo que hay en ese viejo corazón se manifestará en su vida.

¿Quién puede conocer este corazón? ¿Quiénes quisieran que este corazón permanezca en ellos, no sabiendo la capacidad total de maldad que descansa dentro de nosotros?

Nos hemos convertido en bombas de tiempo. Nos hemos hecho "accesibles" a todo lo que Satanás desea hacer en la tierra—víctimas para su próxima asignación. ¿Cómo puede usted decirle *no* cuando él es el gobernante de ese corazón? Volviendo al comentario de mi amigo, me entristeció pensar que los caminos del enemigo parecieran ser más "obtenibles" que el evangelio—sólo porque hemos fallado en pedir a Dios un "corazón nuevo".

El Espíritu del Señor no gobierna el viejo corazón porque no le pertenece. Es el corazón de Satanás. Por lo que todo lo que Satanás pone adelante para que nosotros lo hagamos, si tenemos el viejo corazón, no podemos reprenderlo. No podemos decir, "Yo rehuso hacer eso", porque estamos hospedando su corazón.

Debemos reconocer que este corazón está destinado para el juicio eterno. Ya ha sido preparado para ir a la eterna condenación. Por lo tanto, nunca lo guiará a la vida, porque no tiene vida en él. Nunca lo guiará a la verdad eternal, porque este corazón no tiene la capacidad para alojar la Palabra del Señor.

La transformación toma lugar cuando nuestras mentes son traídas al entendimiento de que necesitamos a Dios.

Siempre puedo decir cuando un individuo está llegando a su final. La muerte lucha por permanecer en control a la vez que la vida comienza la transformación dentro—y el conflicto sale a la superficie. Como emerge la luz, Dios dice:

> "Vosotros sois la luz del mundo; una ciudad asentada sobre un monte no se puede esconder. Ni se enciende una luz y se pone debajo de un almud, sino sibre el candelero, y alumbra a todos los que están en casa. Así alumbre vuestra luz delante de los hombres, para que vean vuestras buenas obras, y glorifiquen a vuestro Padre que está en los cielos.
>
> —Mateo 5:14–16

Dios ha puesto Su luz en nosotros para brillar ante el mundo, no para suprimirla y esconderla de otros. Él no quiere remover el candelero "de su lugar" (Ap 2:5). Él nos está llamando al arrepentimiento.

Nosotros no reconocemos la misericordia de Dios en Su plan de salvación. ¡Qué privilegio y honor tenemos cuando Él nos llama a salir del pecado y nos da la oportunidad de estar a cuentas con Él! Éste es el mayor milagro que puede ocurrir en su vida, porque—en medio de tener una mente que ha sido "concebida" en pecado y "formada" en iniquidad, entrenada por el mundo y el enemigo, al punto que usted ha venido al mundo preparado para tener una muerte eterna—Dios aún es capaz de absorberla.

Dios nos permite oir el Evangelio, y en ese momento, en fracción de segundos, Él absorbe la mente que ha sido entrenada por Satanás. Él pone Su Palabra en nuestra mente, la que nos dice "...no os conforméis a este siglo, sino transformaos por medio de la renovación de vuestro entendimiento, para que comprobéis cúal sea la voluntad de Dios, agradable y perfecta", (Ro 12:2).

La transformación toma lugar cuando nuestras mentes son traídas al entendimiento de que nosotros necesitamos a Dios.

La sala de emergencia espiritual

Cuando nosotros no "renovamos" nuestras mentes, podemos "caer" en el viejo corazón. En mis estudios, he aprendido que el cerebro nunca deja de trabajar. Nunca se calma. Aún cuando usted está durmiendo, el cerebro está en funcionamiento. El cerebro (no el corazón) constantemente corre, se mueve, habla, planea e imagina. Sin detenerse por un aliento, nos lleva a donde hemos estado, donde estamos y donde iremos. Está constantemente recibiendo información a una velocidad precipitada. La mayor parte del tiempo, el corazón no puede, y no podrá, ir a la par de la mente.

Recientemente tuve que ser llevada a la sala de emergencia porque no entendía este principio. Como ve, muchas veces estamos demasiados ocupados haciendo cosas y no consideramos nuestros corazones. Yo no lo hice, y comencé experimentando los síntomas. Acabé en la sala de emergencia con dolor en el pecho. Los doctores comenzaron a hablarme acerca de los ataques cardíacos. Cuando hablaron, explicaron cómo los 'resucitadores artificiales' activan un corazón que ha dejado de latir.

Este incidente me recordó la Iglesia. ¡Hay tantos cristianos corriendo alrededor con "problemas de corazón" espirituales que necesitamos ser resucitados cuando llegamos a la iglesia! El coro, el predicador y el equipo de alabanza y adoración han sido nuestros resucitadores espirituales—ellos reciben el poder y son ungidos con aceite, y envían una carga eléctrica a la congregación, tratando de revivir corazones que literalmente han dejado de latir. El tratamiento lo mantiene a usted funcionando por un par de días, pero el corazón todavía está "mortalmente enfermo" (Jer 17:9). Necesita ser reemplazado.

La Biblia dice que nosotros estamos "muertos en delitos y pecados", (Ef 2:1).

Tenemos corazones vivos, que funcionan, que palpitan y mantienen nuestros cuerpos vivos, pero, espiritualmente, estamos muertos. Entonces dependemos de los "mecanismos" de la iglesia para traer vida. Pero sólo un corazón nuevo hará que vivamos para siempre.

En el reino natural, cuando alguien tiene un ataque cardíaco, hay señales, sonidos y diferentes cosas que el corazón enfermo provoca en el cuerpo físico. Hay un dolor debajo del brazo y debajo de las piernas porque las arterias tienen problemas para bombear sangre hacia y desde el corazón.

También debemos observar las causas para un ataque cardíaco. Muchas veces comemos mal, como alimentos que que poseen elevadas grasas y colesterol. Frecuentemente no descansamos apropiadamente. Después de mi excursión a la sala de emergencia, tuve que cambiar mi dieta y dejar de comer carne y otras cosas que afectarían mi fluido de sangre. No podría estar fuera del peso indicado para mí, haciendo todas las cosas que necesitaban hacerse, y comer tan pesadamente como lo hacía. Tuve que sacrificar algunas cosas.

Los "signos vitales" espirituales del quebrantamiento

Dios está diciendo lo mismo en esta hora.

> "Lava tu corazón de maldad, oh Jerusalén, para que seas salva. ¿Hasta cuando permitirás en medio de ti los pensamientos de iniquidad? Porque una voz trae las nuevas desde Dan, y hace oir la calamidad desde el monte de Efraín".
>
> —Jeremías 4:14–1

En otras palabras, Dios está diciendo que si usted no lava su corazón, aquello de lo que usted una vez disfrutó con el viejo corazón le hará una emboscada. Antes que usted se dé cuenta, aquello que disfrutaba se convertirá en su enemigo. Este pasaje continúa:

> "Decid a las naciones: He aquí, haced oir sobre Jerusalén: Guardas vienen de tierra lejana, y lanzarán su voz contra las ciudades de Judá. Como guardas de campo estuvieron en derredor de ella, porque se reveló contra mí, dice Jehová".
>
> —Jeremías 4:16–17

Cuando todo comienza a venirse abajo y en contra suya, no es Dios el culpable. Nuestra propia rebelión hacia Dios hace que todo dé vuelta. Estos cambios son nuestros signos vitales, que nos dejan saber que es tiempo para recibir un corazón nuevo.

"Tu camino y tus obras te hicieron esto; esta es tu maldad, por lo cual amargura penetrará hasta tu corazón. ¡Mis entrañas, mis entrañas! Me duelen las fibras de mi corazón; mi corazón se agita dentro de mí; no callaré; porque sonido de trompeta has oído, oh alma mía, pregón de guerra!"

—Jeremías 4:19–20

Si usted no lava su corazón, aquello de lo que usted una vez disfrutó con el viejo corazón le hará una emboscada.

Este es el sonido de los signos vitales espirituales clamando. Nuestras 'cavidades del tórax' se hunden por nuestros propios hechos. El versículo 20 cita, "quebrantamiento sobre quebrantamiento es anunciado".

Ya no podemos encender los programas de noticias sin oir acerca de desastres. Las personas están muriéndose de hambre, las ciudades están siendo inundadas; los incendios no pueden ser controlados; hay ataques terroristas. En otros países las personas usan sus propios cuerpos para explotar centros comerciales. Los niños están siendo violados, los desamparados no están siendo alimentados. Dios nos ayude a discernir las "señales" de la falla en el corazón del mundo.

El mismo tipo de cosas sucedieron en la Biblia cuando la gente ignoró a Dios y rehusó aprender Sus caminos. Romanos 6:23 dice, "Porque la paga del pecado es la muerte".

Si volvemos a Jeremías 4:20, descubrimos que "toda la tierra es destruida; de repente son destruidas mis tiendas...". Los hogares se destruyen—madres y padres se están divorciando, los padres se vuelven en contra de sus hijos, las hijas se vuelven en contra de sus madres. Este versículo continúa diciendo, "De repente son destruidas mis tiendas, en un momento mis cortinas".

Cuando usted camina en rebelión, todo puede estar marchando estupendamente, y usted puede tenerlo todo. Pero yo soy testigo de que eso puede venirse abajo en un segundo.

> "¿Hasta cuando he de ver bandera, he de oír sonido de trompeta? Porque mi pueblo es necio, no me conocieron; son hijos ignorantes y no son entendidos; sabios para hacer el mal, pero hacer el bien no supieron".
>
> —Jeremías 4:21–22

Nosotros tenemos conocimiento acerca de hacer lo bueno, pero no sabemos cómo hacerlo. El saber cómo "hacer lo bueno" requiere una combinación de un corazón nuevo y una mente transformada. El corazón entiende, y la mente conoce. Cuando ambos están en funcionamiento, lo bueno en el corazón fluye hacia la mente y la entrena para saber cómo vivir de acuerdo a la Palabra de Dios. Esta mente renovada pasa en la manifestación al cuerpo físico.

El Señor está diciendo desde Jeremías 5:22–23:

> "¿A mí no me temeréis? dice Jehová. ¿No os amedrentaréis ante mí, que puse arena por término al mar, por ordenación eterna la cual no quebrantará? Se levantarán tempestades, mas no prevalecerán; bramarán sus ondas, mas no lo pasarán. No obstante, este pueblo tiene corazón falso y rebelde; se apartaron y se fueron".

De acuerdo a Su soberana voluntad, Dios ha ordenado que las pequeñas cosas pueden dominar las grandes y poderosas—porque todo está en sus manos. De todas maneras, como hemos aprendido en el capítulo uno, el problema es que nuestras prioridades están fuera de orden. Muchos de nosotros todavía tenemos un viejo corazón, por lo que no podemos amar a Dios y obedecerle.

Advertencias divinas

"Y les dirás tú: Así dijo Jehová Dios de Israel: Maldito el varón que no obedeciere las palabras de este pacto, el cual mandé a vuestros padres el día que los saqué de la tierra de Egipto, del horno de hierro, diciéndoles: Oíd mi voz y cumplid mis palabras, conforme a todo lo que os mando; y me seréis por pueblo, y yo seré a vosotros por Dios; para que confirme el juramento que hice a vuestros padres, que les daría la tierra que fluye leche y miel, como en este día. Y respondí y dije: Amén, oh Jehová".

—Jeremías 11:3–5

Dios no quiere que seamos destruídos. Él no desea que seamos atormentados por los caminos de este mundo. En cambio, Él le da a Su pueblo advertencias divinas para llamar su atención y forzarlos a cambiar sus caminos. Jeremías indica Sus advertencias a la gente en los versículos 5–7:

"Y respondí y dije: Amén (que así sea), oh Jehová. Y Jehová me dijo: Pregona todas estas palabras en las ciudades de Judá y en las calles de Jerusalén, diciéndo: Oíd las palabras de este pacto, y ponedlas por obra. Porque solemnemente protesté a vuestros padres el día que *les hice subir de la tierra de Egipto...*"

—Énfasis añadido

¿Usted lo ve? Dios nunca descarga juicio sin primero haber enviado una advertencia. Por eso Él está advirtiéndonos, ahora mismo. Él está diciéndonos,

"Es tiempo de recibir un corazón nuevo".

> "...amonestándoles desde temprano y sin cesar hasta el día de hoy, diciendo: Oíd mi voz. Pero no oyeron, ni inclinaron su oído, antes se fueron cada uno tras la imaginación de su malvado corazón; por tanto, traeré sobre ellos todas las palabras de este pacto, el cual mandé que cumpliesen, y no lo cumplieron".
>
> —Jeremías 11:7–8

Cuando ese tiempo viene...cuando Dios envía un "milagro" desde el reino del Espíritu que nos permite escapar del viejo corazón y nosotros desobedecemos Su voz, Él no tiene alternativa. Si nos rebelamos contra Él, cosecharemos desastres, como lo hizo Jerusalén. El versículo 11 dice:

> "Por tanto, así ha dicho Jehová: He aquí yo traigo sobre ellos mal del que no podrán salir; y clamarán a mí, y no los oiré".

Dios está diciendo, "Yo te advertí cuando te envié la Palabra de Dios y te revelé cómo salir de esto, pero tú me desobedeciste".

Las advertencias divinas son los síntomas anticipados de la falla del corazón. Por lo tanto, cuando usted recibe una advertencia divina, sabe cuándo es tiempo para un cambio de corazón. Sabe cuándo ese viejo corazón está comenzando a colapsar.

¿Usted sabía que en la industria de la medicina de hoy es virtualmente imposible recibir un corazón nuevo hasta que el viejo corazón le falle? Usted no puede recibir un corazón nuevo hasta que el viejo se venga abajo—hasta que éste comience a destruir su vida. Entonces, y sólo entonces, los doctores le recomendarán un transplante de corazón. Incluso en el reino natural, los nuevos corazones están escaseando.

Examine su corazón ahora mismo. Pregúntese, "¿Está mi corazón destruyendo mi vida?" Si es así, usted es un candidato para un transplante de corazón...pero eso no se detiene allí. Usted tiene que levantarse e ir al doctor con el fin de recibir el tratamiento. El doctor no tiene manera de saber que usted necesita un transplante de corazón. Usted tiene que iniciar el tratamiento, o el doctor no podrá ayudarlo.

Dios está diciendo, "Yo te advertí cuando te envié la Palabra de Dios y te revelé cómo salir de eso, pero tú me desobedeciste".

Cuando llegué a la sala de emergencia, tuve que pasar por admisión antes de que ellos pudieran tratarme. Tuve que pasar por el proceso—firmar papeles, decirles mi nombre, dirección y cúal era mi problema. Tuve que "confesar" esas cosas antes que el doctor pudiera ayudarme. ¿Está viendo la revelación?

Lamentaciones 1:20 dice:

> "Mira, oh Jehová, estoy atribulada, mis entrañas hierven. Mi corazón se trastorna dentro de mí, porque me revelé en gran manera. Por fuera hizo estragos la espada; por dentro señoreó la muerte".

En otras palabras, cuando salgo o cuando estoy en casa, yo estoy siendo atacada. No hay alivio.

> "Oyeron que gemía, mas no hay consolador para mí; Todos mis enemigos han oído mi mal, se alegran de lo que tú hiciste. Harás venir el día que has anunciado, y serán como yo. Venga delante de ti toda su maldad,

> y haz con ellos como hiciste conmigo por todas mis rebeliones; Porque muchos son mis suspiros, y mi corazón está adolorido".
>
> —LAMENTACIONES 1:21–22

La más poderosa señal de su necesidad por un nuevo corazón son estas cuatro palabras de oro: "Mi corazón está desfallecido". Los signos vitales de Dios del quebrantamiento le traerá a este lugar. Este es es corazón de Dios—que usted entienda que necesita un nuevo corazón. Él está esperando que usted diga, "No puedo sobrevivir con este viejo corazón. Él ha destruído todo a mi alrededor. Está destruyendo todo dentro de mí, y lo que menos puedo soportar es que no tengo consuelo en Ti, Dios. Tú no eres mi consolador, entonces ¿cómo puedo sobrevivir sin Ti?"

Cuando este es el llanto de su corazón, Dios le está diciendo que necesita un corazón nuevo.

Capítulo 6

Un **punto de vista** científico

¿Alguna vez ha usado algo por mucho tiempo sin antes haber leído las instrucciones? Entonces cuando usted las lee, descubre cómo eso podría haber funcionado realmente y cuánto más eficiente era. Después de usarlo de acuerdo a las instrucciones, se quedará sorprendido de lo que estuvo haciendo todo el tiempo y también de lo que perdió al no usarlo en su completo potencial.

Cuando comencé a estudiar acerca del corazón y el cerebro, estuve literalmente asombrada—a veces postrada en silencio. Más que eso, tuve temor de Dios, reconociendo cuán increíblemente Él nos formó. A medida que avancemos en este capítulo usted va a ver la Palabra de Dios siendo confirmada una y otra vez de una nueva manera.

Como yo, oro para que usted le dé a Dios la gloria y el honor que Él se merece. Oro que al aprender estas verdades increíbles, su amor por Él se haga profundo. Nosotros somos en verdad "hechos formidable y maravillosamente", (Sal 139:14). David también dice en este versículo, "Maravillosas son tus obras; y mi alma lo sabe muy bien". ¡El entendimiento de las obras de Dios cambió su alma! Eso puede cambiar la suya.

Yo oro que, como yo, usted lea y le diga a Dios, "Yo dejo mi vida—todo lo que soy—a tus pies". Oro que le pida un corazón nuevo.

La transformación del corazón nuevo es muy bíblica, como fue capaz de ver en la lectura de los capítulos anteriores. Todo lo que Dios hace (en la esfera del Espíritu) tiene una explicación, símbolo o ejemplo en la esfera natural.

> "Mas lo espiritual no es primero, sino lo animal; luego lo espiritual. El primer hombre es de la tierra, terrenal; el segundo hombre, que es el Señor, es del cielo. Cual el terrenal, tales también los terrenales; y cual el celestial, tales también los celestiales. Y así como hemos traído la imagen del terrenal, traeremos también la imagen de lo celestial".
>
> —1 Corintios 15:46–49

Cuando usted mira lo que los científicos han descubierto sobre el corazón, se quedará asombrado de cuán atrasados están algunos creyentes. El mundo secular ha adelantado a través del entendimiento de la anatomía y funciones del corazón, explicando esto al punto que los creyentes pueden buscar la información de los científicos y saber que la misma ha tenido que ser revelada a ellos por Dios.

Dios está tan determinado a que nosotros recibamos este mensaje que cuando no pudo encontrar a nadie en el mundo cristiano que le busque el tiempo suficiente—para llegar a Su presencia y recibir la revelación—Él reveló esto a los científicos para que nosotros (Sus hijos) pudiéramos entender lo que Él está tratando de decirnos sobre este corazón nuevo.

El corazón natural

Yo quisiera comenzar dándole unos pocos "factores del corazón". El corazón generalmente funciona por setenta u ochenta años sin mantenimiento o reemplazo. Durante este tiempo, late alrededor de cien mil veces por día, ásperamente cuarenta millones de veces al año—casi tres billones de latidos en la vida. El corazón bombea nueve litros de sangre por minuto, más de quinientos litros por hora, a través de un sistema vascular que es suficientemente largo como para envolver la tierra dos veces—por arriba de sesenta mil millas. Ese poderoso órgano descansa dentro de cada persona.[1]

El corazón es como una planta nuclear poderosa. Genera cinco mil veces más energía que el cerebro. Esta es una de las razones principales por la que el corazón ha sido llamado el "centro" de nuestra existencia. Aún más asombroso, es que tiene su propio sistema nervioso que es llamado el "cerebro del corazón". Este "corazón cerebro" tiene más de cuarenta mil células nerviosas, el mismo número de células contenidas en muchos centros subcorticales del cerebro. ¡Las investigaciones han probado que el corazón cerebro puede y actúa independientemente del cerebro en su cabeza! [2]

El corazón puede aún latir sin estar conectado al cerebro. Por ejemplo, cuando alguien tiene un trasplante de corazón, el cirujano tiene que separar los nervios que corren desde el cerebro al corazón. Cuando ellos ponen el corazón dentro del nuevo cuerpo, todavía no saben cómo volver a conectar los nervios. Los cirujanos restauran los latidos del corazón, y éste se mantiene latiendo—aunque no hay conexión "de nervios" al cerebro.

Cuando los ritmos cardíacos están en balance, como una potente cascada, descargan un flujo balanceado que resuena en todo nuestro ser.

El corazón natural es también capaz de percibir, sentir, aprender y recordar. De esto, los científicos también han observado que el corazón envía señales emocionales e intuitivas al cerebro y al cuerpo que ayudan a gobernar nuestras vidas.

El corazón produce una fuerte substancia llamada "atrial natriuretic factor" (ANF) o "atrial peptide", comunmente nombrada como "la hormona del balance," que "regula" muchas de las funciones de nuestro cerebro—así como también nuestros órganos.[4] Los científicos están encontrando ahora que la hormona del balance también motiva nuestro comportamiento.[5] El centro de poder del corazón dirige y alinea muchos de nuestros sistemas del cuerpo y los ayuda a funcionar en armonía. Cuando los ritmos cardíacos están balanceados, descargan un flujo balanceado que resuena en todo nuestro ser, como una potente cascada.

La visión del corazón

"La lámpara del cuerpo es el ojo; así que, si tu ojo es bueno, todo tu cuerpo estará lleno de luz".

—Mateo 6:22

La palabra ojo quiere decir "visión".[6] La palabra

sólo quiere decir "plegados juntos...para entrelazar".[7] ¿Cómo podemos lograr esta visión balanceada y completa? ¿Cómo podemos ver desde una perspectiva celestial, de acuerdo a la Palabra de Dios? Debemos nacer otra vez y recibir un corazón nuevo, el cual haga fluir la visión celestial desde el centro de nuestro ser hacia nuestro cerebro y a través del resto de nuestros cuerpos.

El corazón es el centro de nuestro entendimiento—donde conceptos e inteligencia balanceada son introducidos a cada parte de nosotros. Éste puede enviar olas de racionalidad, instrucción considerada al cerebro. Si el ocupado cerebro recibe esa instrucción, trae una perspectiva balanceada, la cual puede fortalecer nuestra conciencia. De todos modos, el viejo corazón no tiene el poder espiritual para invalidar la constante actividad del cerebro. Por esto es que nuestra conciencia humana puede ser engañada.

Por ejemplo, si miramos en Juan 8 donde los escribas y fariseos trajeron una mujer a Jesús que había sido encontrada en el acto de adulterio. Los líderes religiosos le recordaron la ley—ella debería morir (vv. 3–5). Despues de estar escuchando sus argumentos, finalmente Jesús se enderezó y les dijo, "El que de vosotros esté sin pecado sea el primero en arrojar la piedra contra ella" (v. 7).

Súbitamente sus conciencias los acusaron: "Pero ellos, al oir esto, acusados por su conciencia, salían uno a uno, comenzando desde los más viejos hasta los postreros; y quedó solo Jesús, y la mujer que estaba en medio" (vv. 9). La Palabra de la boca de Jesús penetró en sus "viejos corazones" y les reveló su hipocresía—y ellos se fueron con sus corazones intactos. ¿Cómo sé esto?

Sus viejos corazones pudieron entender su propia

culpa, ¡pero ellos no tuvieron el poder para convertir y salvar sus almas! Ellos tuvieron suficiente "conciencia" para condenar a otro de pecado, pero tampoco tuvieron la habilidad de arrepentirse y pedir a Jesús que les diera un corazón nuevo. ¿Por qué? Tito 1:15–16 dice:

> "Todas las cosas son puras para los puros, mas para los corrompidos e incrédulos nada les es puro; pues hasta su mente y conciencia están corrompidas. Profesan conocer a Dios, pero con sus hechos lo niegan, siendo abominables y rebeldes, reprobados en cuanto a toda buena obra".

Los escribas y fariseos tenían una "forma" de piedad, pero ellos negaron Su poder. Ellos estaban en plena operación del engaño. Se habían convertido en gente complaciente—comparándose por ellos mismos. Ellos se habían olvidado que eran hijos de Dios y deberían servir a otros, no crucificarlos. Como resultado los israelitas no pudieron mirar a sus líderes y ver a su Salvador—porque estos líderes no iban tras un corazón nuevo. Por consiguiente, no importa lo que ellos hicieron, estos líderes no pudieron agradar a Dios.

Para crear una conciencia pura e inmaculada, se necesita un corazón nuevo y puro. La revelación no se detiene allí. En Juan 8 Jesús se volvió a la mujer y le dio la solución : "Yo soy la luz del mundo; el que me sigue, no andará en tinieblas, sino que tendrá la luz de la vida", (v. 12). En otras palabras, Él estaba diciendo, "El hombre que te acusó estaba andando en el engaño de su propia conciencia, mundana y oscurecida. Pero Yo soy capaz de darte un corazón nuevo que llenará de luz tu mente, y cada parte de ti—un entendimiento y una visión celestial balanceada y completa". ¡Eso es poderoso!

El corazón entiende, y la mente conoce. Por eso el libro de Proverbios, el libro de la sabiduría, comienza con estas palabras:

> "Los proverbios de Salomón, hijo de David, rey de Israel. Para entender sabiduría y doctrina, para conocer razones prudentes, para recibir el consejo de prudencia, justicia, juicio y equidad; Para dar sagacidad a los simples, y a los jóvenes inteligencia y cordura".
>
> —Proverbios 1:1–4

De un extremo a otro de la Biblia, la línea de distinción está dibujada entre "conocimiento" y "entendimiento" porque hay una clara diferencia.

La mente natural

El cerebro comienza a desarrollarse después que el corazón es formado. Crece desde la base—el tronco del cerebro (médula oblongata), centro emocional (amígdala) y luego el centro de la lógica (corteza cerebral y lóbulos frontales).

La médula contiene el sistema nervioso que regula la velocidad del corazón, las palpitaciones y otras funciones del cuerpo. Esto significa que la primera parte del cerebro es creada para conectarla con el corazón y dirigir o ajustar los latidos. Éste monitorea y facilita la comunicación al corazón, los pulmones, sistema nervioso y partes del cuerpo.

La siguiente en desarrollarse es la amígdala. Ésta almacena memorias emocionales y compara esas experiencias con nueva información. Este determina lo que es relevante en cada individuo y forma las bases del cerebro para nuestras operaciones. A medida que el cerebro se desarrolla, crece fuera de este centro de emociones para desarrollar nuestras capacidades de lógica. Por eso es que lo que nosotros percibimos y lo que es real pueden ser dos cosas diferentes. También es la razón por la que nuestra imaginación, estrategias y decisiones son influenciadas por nuestras emociones. Cuando las emociones están balanceadas, ellas dan vida y significado a los hechos, objetivos y lógica. Cuando no son balanceadas, distorsionan la verdad.

La tercera parte del cerebro, la corteza cerebral, es la siguiente en desarrollarse. Ésta razona y reflexiona, evalúa y considera, crea estrategias, planea e imagina. Toma la información relevante pasada desde la amígdala y le da sentido fuera de ella. También puede no darle sentido fuera de ella si la imaginación sale desordenada. Sea balanceada o no, esta información se pasó al siguiente centro del cerebro.

Los lóbulos frontales son la cuarta, y última, sección del cerebro. Aquí es donde la decisión es hecha. Los lóbulos también determinan qué respuesta emocional es apropiada para cada situación. Se alimenta de las emociones y envía instrucciones actualizadas de vuelta a las emociones.[8]

Dios creó el corazón para gobernar el cerebro. El corazón está fuera del cerebro y, técnicamente, no está sujeto al proceso cerebral. De todas maneras, cuando elegimos ignorar la dirección de nuestro corazón, el cerebro asume el control. Toma el mando, operando desde una perspectiva lógica y lineal, siempre lista para defender sus propios intereses. El cerebro no tiene entendimiento, por tanto es territorial—nada extraño (espiritual) puede entrar sin una lucha.

El cerebro siempre está activo, aún mientras usted está durmiendo, tratando de conseguir su atención a través de los sueños. Se mantiene en posición de alerta para defender o atacar cuando él, o su cuerpo, siente una amenaza—real o percibida—hacia su existencia y desarrollo.

El cerebro trata de pasar información al corazón, pero el corazón no tiene que aceptarla. Y aquí es donde nosotros encontramos el misterio del nuevo corazón. Lógicamente, nuestro viejo corazón (por virtud de cómo Dios lo creó) debería ser capaz de prevalecer sobre el cerebro. Sin embargo, Adán y Eva pervirtieron esta capacidad cuando ellos siguieron sus cerebros en lugar de sus corazones (el gran engaño del enemigo) en el jardín del Edén (Gn 3). Ahora, para poder balancear y controlar la mente, debemos recibir el nuevo corazón.

Como nuestros cerebros forman percepciones y reaccionan al mundo exterior, los mensajes neurológicos viajan a través de la médula que puede afectar los ritmos de nuestros corazones. El corazón, sin embargo, ha sido diseñado para enviar los mensajes de vuelta al cerebro. (¡Los científicos ya han observado que el cerebro identifica y obedece esos mensajes!) El corazón nuevo puede filtrar vida dando información al cerebro que no solamente altera nuestras conciencias, sino también nuestras acciones.

La medicina también ha probado que cuando nosotros nos enfocamos en nuestros corazones, el balance de las funciones entre el corazón y el cerebro se incrementa.[9] Cuando esta sincronización toma lugar, cada función corporal opera en su capacidad total. Cuando enfocamos la atención en nuestros cerebros, no obstante, nuestro cuerpo completo cae bajo estrés y pierde el balance. Tal vez por eso el estrés ha sido llamado "el asesino silencioso". Esto es un asunto del corazón—la elección es suya.

Jesús dijo que si no nos hacemos simples, como un niño, no podemos entrar en Su reino, (Mr 10:15). Tenemos que rechazar nuestra lógica y nuestras emociones, y con ojos ampliamente abiertos, darnos vuelta y abrazar la verdad espiritual que fluye desde nuestros nuevos corazones.

> "La ley de Jehová es perfecta, que convierte el alma; El testimonio de Jehová es fiel que hace sabio al sencillo. Los mandamientos de Jehová son rectos, que alegran el corazón; El precepto de Jehová es puro, que alumbra los ojos. El temor de Jehová es limpio, que permanece para siempre; Los juicios de Jehová son verdad, todos justos. Deseables son más que el oro, y más que mucho oro refinado; Y dulces más que miel, y que la que destila del panal. Tu siervo es además amonestado con ellos; En guardarlos hay grande galardón. ¿Quién podrá entender sus propios errores? Líbrame de los que me son ocultos. Preserva también a tus siervos de las soberbias; Que no se enseñoreen de mí; Entonces seré íntegro, y estaré limpio de gran rebelión. Sean gratos los dichos de mi boca y la meditación de mi corazón delante de ti, oh Jehová, roca mía y redentor mío".
>
> —Salmo 19:7–14

Formación del corazón y la mente

Yo quiero volver al comienzo del corazón y la mente en el feto humano. Cuando un niño es concebido en el vientre de su madre, lo primero en desarrollarse son los latidos del corazón. Después de determinar que la mujer está embarazada, el latido del corazón es lo primero que el doctor persigue. Él no examina a la madre, observando primero los ojos, la nariz, el cerebro y el sistema nervioso. Él escucha el latido, y si hay un latido, la criatura está viva.

La gente que vive del razonamiento del viejo corazón—incluyendo los que abogan por la libre decisión—creen que la vida no comienza hasta que el cerebro está funcionando. Pero las personas que escuchan y obedecen su nuevo corazón entienden que en el corazón es donde empieza la vida. De hecho, el corazón comienza a almacenar su código de memoria desde que es conectado al cordón umbilical de la madre.

A las mujeres embarazadas se les ha dicho que le hablen suavemente y con amor a sus niños aún no nacidos y que acaricien delicadamente su vientre. Estas palabras y acciones son grabadas en el código de memoria antes de nacer. Cuando el niño es traído al mundo, él o ella ya tienen una grabación de todo lo que ha experimentado desde su primer latido.

Según el bebé comienza a crecer, al llegar a los seis meses, la grabación de sus experiencias ha alcanzado una proporción increíble. Aquí es donde comienza el problema—el corazón que está dentro del bebé de seis meses, ya ha tenido seis meses de acumulación de memorias en el mundo. El cerebro de ese bebé, con sus cuatro diferentes secciones, está siendo alimentado constantemente con información instantánea de la sociedad. El cerebro está recibiendo más información de la que su aún inmaduro corazón puede manejar. Porque el cerebro está recibiendo más información de la que el corazón puede procesar, el cerebro "percibe" que podría gobernar ese corazón y cuerpo.

Recuerde que nuestros corazones también tienen un "cerebro", el cual integra y procesa información intuitiva y señales desde el cerebro y el cuerpo. Sin embargo, éste es joven y está fuera de balance a causa de la naturaleza del pecado que heredó desde la caída de Adán y Eva. Acoplado con esto, el cuerpo y el cerebro son expuestos al máximo a la sociedad. Cuando el cerebro envía constante información a ese joven corazón, el corazón trata de procesarla (a fin de regular la respuesta), pero el cerebro continúa bombardeándolo con más y más información—la cual deja al joven corazón millas atrás.

Esto establece el modelo que corre a lo largo de nuestras vidas a no ser que recibamos el nuevo corazón. Para el tiempo que nuestros corazones puedan procesar nueva información, el cerebro ya ha enviado mensajes al cuerpo y ambos, cuerpo y cerebro, han respondido al conocimiento—en la manera en que el mundo maneja las cosas—y no al entendimiento del corazón. Esto pone al corazón en constante riesgo de una falla espiritual.

El próximo escenario en el desarrollo de un cristiano es los años de formación. Los psicólogos han probado que, sin falta, para el tiempo en que el niño alcanza los cinco años de edad, las normas de su corazón y mente están básicamente establecidas para toda la vida. Este mismo escenario se aplica a nuestra vida espiritual. Es imperativo—especialmente durante los primeros cinco años de su caminar con Dios—que usted pase tiempo en la Palabra, adoración y oración a fin de transformar su mente.

El corazón debe estar convertido antes de que usted pueda tener un cambio de mente y una nueva perspectiva.

El corazón convertido anhela los caminos de Dios, lo que quiere decir que "declara la guerra" en la mente residente. Entonces comienza la batalla espiritual:

> "No os conforméis a este siglo, sino transformaos por medio de la renovación de vuestro entendimiento, para que comprobéis cúal sea la buena voluntad de Dios, agradable y perfecta".
>
> —Romanos 12:2

Cuando usted es más maduro, ha aprendido el ritmo de su corazón y experimentad lo que sucede cuando reacciona a la información que ha sido arrojada por el cerebro—real o percibida—, y los resultados que ha padecido le enseñan a no hacer eso nuevamente. Sin embargo, los corazones jóvenes cristianos tienen la más grande batalla. Ellos han nacido en la iglesia y conocen al Señor, pero la información del cerebro todavía inunda sus corazones. (Esto también le sucede a los santos que rehusan ser destetados de la "leche" de la Palabra. No pueden crecer para comer el "pan", y luego la "carne", de la Palabra).

Con el corazón y la mente unificados (alineados), usted experimentará un fluir natural y paz dentro de usted—sin importar lo que esté pasando en el mundo natural.

Usted no tiene que asombrarse más de por qué estamos tan sintonizados dentro de nuestros patrones de pensamientos y por qué dejamos que nuestras mentes gobiernen nuestras vidas. Como lo dije anteriomente, estamos viviendo en un mundo cerebral. La información que nuestros cerebros reciben nos dice que podemos cambiar nuestro corazón y cambiar nuestras vidas, si cambiamos nuestra mente. Esto no es lo que Dios se propuso. La mente no cambia. Ésta celosamente lucha por mantener todo "en la manera en que ha estado siempre". El corazón debe ser convertido antes de que usted pueda tener un cambio de mente y una nueva perspectiva.

La mente necesita ser entrenada otra vez con el entendimiento que es formado dentro del corazón nuevo—el cual es el corazón de Dios. La mente debe ser entrenada otra vez mediante la Palabra de Dios. Entonces los bancos de memoria emocional y racional serán repuestos con información piadosa de la Biblia.

Sinergia del corazón y la mente

El corazón nuevo y la mente renovada son una poderosa combinación. Cuando el entendimiento fluye desde el corazón hacia la mente renovada, se identifica con lo que ya está allí y hace que el cuerpo reciba las bendiciones. La mente es primero "emocional", por lo que la Palabra de Dios debe entrar en la amígdala en una base constante y crear una conexión emocional al corazón de Dios dentro de sí. Sólo entonces sus decisiones serán balanceadas por la Palabra de Dios. Luz y armonía inundarán todo su ser. Con el corazón y la mente unificados (alineados), usted experimentará un fluir natural y paz dentro de usted—sin importar lo que esté pasando en el mundo natural.

Jesús ejemplificó esta extraordinaria existencia. El apóstol Pablo la describe y nos instruye a buscar lo mismo para nosotros:

> "Haya, pues, en vosotros este sentir que hubo también en Cristo Jesús, el cual, siendo en forma de Dios, no estimó el ser igual a Dios como cosa a que aferrarse, sino que se despojó a sí mismo, tomando forma de siervo, hecho semejante a los hombres; y estando en la condición de hombre, se humilló a sí mismo, haciéndose obediente hasta la muerte, y muerte de cruz. Por lo cual Dios también le exaltó hasta lo sumo, y le dio un nombre que es sobre todo nombre, para que en el nombre de Jesús se doble toda rodilla de los que están en los cielos, y en la tierra, y debajo de la tierra; y toda lengua confiese que Jesucristo es el Señor, para gloria de Dios Padre".
>
> —FILIPENSES 2:5–11

Esta existente "vida en Cristo" nos lleva de vuelta a levantar nuestro derecho de "Ser justos", porque esto es lo que Jesús hizo. Cuando Él se humilló a sí mismo en obediencia a Dios, Su nombre se convirtió en algo que Satanás reconoció como poder.

Nosotros no podemos dejar que la mente nos controle. Debemos pedir un corazón nuevo y comenzar a obedecer el mensaje divino que Dios nos envía desde dentro de nosotros. Cuando lo hagamos, caminaremos en autoridad divina porque estaremos en sinergía con la manera en que Dios propuso que estemos. Y cuando estamos en sinergía con lo que Dios propuso, el diablo tiene que huir de nosotros cuando lo resistimos (Stg 4:7).

Cuando usted ha nacido de nuevo, quizás constantemente busque a Dios en oración por unción y autoridad sobre el enemigo, porque no entiende que ya tiene el poder para derrotarlo dentro de usted. Lo único que le da el control sobre el enemigo es la sinergía del corazón nuevo y una mente renovada que está totalmente sujeta a Dios y Su voluntad.

Cuando su mente está sujeta a la voluntad de Dios,

la cual fluye de su corazón nuevo, entonces este corazón comienza a regir y a dominar su carne e influenciar sus alrededores. Desde que Dios reside en su corazón nuevo, y el carácter de Dios está en él, ¡usted está automáticamente ubicado en un asiento por encima de Satanás! No tiene que orar para llegar allí. Su corazón nuevo lo transporta a su lugar legítimo. Si usted entrega su mente a las cosas diarias, eso lo mantiene allí.

Lo único que le da control sobre el enemigo es la sinergía del corazón nuevo y una mente renovada que está sujeta completamente a Dios y a Su voluntad.

Jesús vino a la tierra con el corazón de Dios dentro de Él. Sin embargo, todavía pudo haber abortado Su misión si hacía las elecciones equivocadas. Él pudo haber caminado alrededor, permitiendo que Su mente le dictara lo que iba a hacer, lo que no iba a hacer y Sus derechos. Puesto que era el Hijo de Dios, pudo haber demandado que se le diera una mansión, sirvientes, riquezas y todo lo demás—y todo esto habría pasado—pero Él no lo hizo. Él eligió, en vez de eso, obedecer el corazón de Su Padre.

Jesús vino a la tierra con un corazón agonizante. Su meta fue morir—para cumplir una misión eterna. Su corazón fue formado con una misión en él. Él se sometió a Su corazón y obedeció la voluntad de su Padre, la cual ya residía allí.

Cuando nosotros somos nacidos de nuevo y recibimos el corazón nuevo, éste ya viene con una misión en él. Necesitamos hacer lo que Jesús hizo en lugar de dejar que nuestras mentes y cuerpos nos dicten qué derechos tenemos. Podemos dejar a Dios.

Nuestro Padre celestial está diciéndonos, "Yo quiero que te sometas a la obediencia, porque cuando tú cedes tu derecho de "ser justo" en la esfera natural, tu corazón nuevo gobernará lo que haces desde la esfera del espíritu, y entonces es cuando tú tendrás victoria. Entonces es cuando tú recibirás el poder para hacer lo que hizo Jesús".

Dios está diciéndonos como nunca antes—nosotros necesitamos un corazón nuevo.

Capítulo 7

Resultados de un **transplante** de **corazón**

Nosotros hemos aprendido cómo es concebido y desarrollado el viejo corazón, y que él forma las bases de quiénes somos. Ahora lo veremos desde otro ángulo. Todos nosotros tenemos un corazón natural, pero no muchos tenemos corazones nuevos recibidos de Dios. En la esfera natural, cuando un cirujano dice que es necesario un transplante de corazón, eso es un asunto de vida o muerte.

El nuevo corazón trae un nuevo arte de guerra porque el enemigo quiere mantenerlo atado e inefectivo.

En la esfera espiritual es lo mismo. Dios ya ha dicho que el corazón es, "¡Excesivamente perverso, corrupto y mortalmente enfermo! ¿Quién puede conocerlo?", (Jer 17:9). ¡Desesperadamente necesitamos un transplante de corazón espiritual!

Dios ya ha provisto un donante para todos los que desean someterse a este procedimiento. El corazón que descansa dentro de Jesús está disponible para un transplante dentro de su vida. Éste es un corazón de poder. El corazón de Jesús vino con una misión eterna—y cuando nosotros recibimos Su corazón, recibimos nuestra parte de esa misión. Así como una persona que recibe un transplante natural de corazón debe comprometerse a luchar para que su cuerpo no lo rechace, también el enemigo pelea con uñas y dientes para tratar de que nosotros rechacemos el nuevo corazón. Él sabe que la única manera en que puede borrar o hacer que abortemos nuestra misión divina es causando que rechacemos nuestro corazón nuevo. El corazón nuevo trae un arte nuevo de guerra porque el enemigo querrá mantenerlo atado y sin efectividad.

El corazón nuevo nos hace libres, nos arma para la batalla y nos pone en servicio activo.

Si usted lo ha reconocido o no, siempre ha habido una batalla por su alma. Tristemente, muchos de nosotros actuamos como prisioneros de guerra. Despojándonos de nuestras armas y uniformes, el enemigo nos ha encadenado y arrojado dentro un pozo de esclavitud. Allí no hay alimento (la Palabra) y no hay descanso. La cruel y forzada labor del enemigo consume a cada perona de sus fuerzas. El corazón nuevo nos hace libres, nos arma para la batalla y nos pone en servicio activo.

Algunos soldados espirituales nunca se sobreponen al trauma de la guerra. Aún después de haber sido rescatados y traídos de vuelta a casa, sus mentes los atormentan con recuerdos de lo que era. Aunque ellos hayan sido libres, están espiritualmente paralizados. A través de tormentos y engaños, el enemigo los ha incapacitado. Ni siquiera tratan de caminar en la libertad nueva que han encontrado. Ellos necesitan un corazón nuevo—así como la generación de israelitas que murió en el desierto, porque tuvieron miedo de obedecer la voz de Dios, (Nm 32–13).

La comisión divina

Cuando usted recibe un nuevo corazón, puede esperar una batalla. Su carne, y el mundo exterior, no entregará el control sin una lucha. Cuando Dios les habló a los israelitas, quienes por su continua desobediencia y sus mentes no renovadas fueron cautivos y esparcidos fuera de la Tierra Prometida, Él les dio un encargo divino:

> "Di, por tanto: Así ha dicho Jehová el Señor: Yo os recogeré de los pueblos, y os congregaré de las tierras en las cuales estáis esparcidos, y os daré la tierra de Israel. Y volverán allá, y quitarán de ella todas sus idolatrías y todas sus abominaciones. Y les daré un corazón, y un espíritu nuevo pondré dentro de ellos; y quitaré el corazón de piedra de en medio de su carne, y les daré un corazón de carne".
>
> —Ezequiel 11:17–19

Dios prometió congregar a Su pueblo y devolverles su tierra. ¡Pero no sería sin una pelea! Junto con su corazón nuevo podría venir el coraje para tomar posesión de sus tierras y limpiarlas de las impurezas.

Cuando Jesús les habló a sus propios seguidores acerca de vivir una "vida en Cristo" con sus nuevos corazones, Él dijo:

> "Si el mundo os aborrece, sabed que a mí me ha aborrecido antes que a vosotros. Si fuerais del mundo, el

> mundo amaría lo suyo; pero porque no sois del mundo, antes yo os elegí del mundo, por eso el mundo os aborrece. Acordaos de las palabra que os he dicho: El siervo no es mayor que su señor. Si a mí me han perseguido, también a vosotros os perseguirán; si han guardado mi palabra, también guardarán la vuestra".
>
> —Juan 15:18–20

La buena noticia es que Jesús venció al mundo (Jn 16:33). Él murió para darnos un corazón nuevo y saludable, y cuando ese corazón es transplantado dentro de nosotros, ¡tenemos una parte de Jesús—el Único que murió y resucitó—en lo más profundo de nuestro ser!

Cada recuerdo que Jesús tiene del Padre, desde antes de la fundación del mundo, está dentro de usted. Sus experiencias de caminar con poder y autoridad en la tierra y derribar a Satanás están almacenadas en su corazón nuevo. Recuerdos de cuando Él resucitó de los muertos y ascendió para sentarse a la mano derecha del Padre fluye por sus venas. Todo lo que Dios es—desde antes de la eternidad—vive dentro de usted. Si usted tiene un corazón nuevo, ¡tiene poder sobrenatural! La pregunta es, si nosotros verdaderamente hemos recibido este corazón nuevo, ¿cómo es que podemos fallar?

Si nosotros confiamos y obedecemos a nuestro corazón nuevo, Jesús nos ayudará a ser librados de todas las "cosas detestables" y de las "abominaciones". Filipenses 1:6 dice:

> "Estando persuadido de esto, que el que comenzó en vosotros la buena obra, la perfeccionará hasta el día de Jesucristo".

En otras palabras, Jesús trabajará dentro de usted hasta que usted haga consistentemente lo que le agrada a Dios (Flp 2:13). Si usted obedece al Señor, su corazón nuevo le guiará a través de esta vida a la eternidad. Esto es en realidad su depósito de eternidad, porque Cristo ya pasó la muerte y ascendió a los cielos.

> "Todo lo hizo hermoso en su tiempo; y ha puesto eternidad en el corazón de ellos, sin que alcance el hombre a entender la obra que ha hecho Dios desde el principio hasta el fin".
>
> —Eclesiastés 3:11

Dios tiene un tiempo designado y un propósito para usted en la tierra. La única manera en que usted completará ese propósito y misión es confiando en Él y obedeciéndole.

> "Por eso pues, ahora, dice Jehová, convertíos a mí con todo vuestro corazón, con ayuno y lloro y lamento. Razgad vuestro corazón, y no vuestros vestidos, y convertíos a Jehová vuestro Dios; porque misericordioso es y clemente, tardo para la ira y grande en misericordia, y que se duele del castigo".
>
> —Joel 2:12–13

La transición divina

Si usted pone seis relojes de péndulo diferentes juntos y comienza a oscilarlos en diferentes horas, finalmente todos se alinean—oscilando en la misma dirección y al mismo compás. Los científicos llaman a este proceso "entrainment".

La pregunta es, si nosotros verdaderamente hemos recibido este corazón nuevo, ¿cómo es que podemos fallar?

En su cuerpo físico, su órgano más poderoso empujará a los otros en su fuerza de energía. Ocurre lo mismo en la esfera espiritual. Su corazón nuevo, siendo el corazón de Dios, tiene infinitamente más poder que ninguna otra cosa. El cambio vendrá si usted lo permite. ¿Está listo para cambiar?

Aunque poderoso, el viejo corazón ha sido programado (por el cerebro) desde su nacimiento. Su ritmo natural fue distorsionado, por lo que empuja todo fuera del patrón de sinergía. No mantiene un balance saludable. Los órganos están en su lugar pero no están funcionando como deberían. Esta es la razón por la que necesitamos un corazón nuevo. Necesitamos que el Señor nos ayude a poner todo en balance.

> "Abominación son a Jehová las pesas falsas, y la balanza falsa no es buena".
>
> —Proverbios 20:23

Su corazón nuevo ha sido diseñado para borrar todo lo desequilibrado y engañoso. Este transplante lo mueve a usted desde un lugar a otro. Lo muda, paso a paso, de un escenario a otro. Dios le está moviendo hacia su nueva misión. Las cosas pueden parecer extrañas al principio, pero si usted se somete a Dios, Él hará Su "obra perfecta" en usted, (2 Tim 3:16; Stg 1:4).

Desde que su corazón deja de estar conectado a su cerebro, ¡vive totalmente del poder de Dios! Recibe sus "mensajes" de la "información" que ha sido almacenada en lo profundo de Su corazón. Todo lo que es programado en su corazón nuevo, cuando Dios lo pone dentro de su cavidad toráxica, es la asignación que usted comenzará a llevar a cabo.

Transiciones naturales del corazón

Recientemente leí una historia acerca de una niña que recibió un corazón de otra que había sido asesinada. El caso de homicidio no pudo ser resuelto, entonces la policía cerró el caso. Meses después, la pequeña niña comenzó a tener sueños y visiones acerca del incidente—hasta los más pequeños detalles. Cuando se lo dijo a su madre, ellas hicieron un informe a la policía, describiendo al hombre que había asesinado a su donante—incluso dónde él vivía. Ella también les dijo lo que la pequeña niña le había dicho a su asesino. El asesino fue arrestado.[1] Esto es increíble pero verdad. El corazón de la donante sostuvo esa información vital y la pasó a su mente y cuerpo nuevos.

Yo escuché otra historia de un programa de radio sindical en donde estaban entrevistando a un doctor que se especializa en los estudios de casos de transplante de corazón. Él compartió que había hablado con un hombre que había comenzado a tener repetidos sueños despues de su transplante de corazón. Una y otra vez él vio a una joven mujer quien había caído muerta desde lo alto de unas escaleras. Afligido, fue al doctor, y comenzaron a rastrear el origen en su corazón nuevo. Ellos descubrieron que la hija del donante se había caído desde unas escaleras y muerto de una rotura de cuello.[2]

Nosotros podríamos escuchar muchas historias de cosas extrañas que suceden cuando las personas reciben un corazón nuevo, incluyendo cambios en el apetito y en las relaciones. Lo importante para recordar es que su corazón nuevo creará cambios que su mente no puede controlar.

El corazón nuevo deja de tomar la "sobrecarga de información" de su viejo cerebro porque no la necesita. El corazón nuevo funciona por el milagro del poder de Dios. Él comenzará a depurar aquellas cosas dentro de usted que no se alinean con Su Palabra.

> "Hermanos míos, tened por sumo gozo cuando os halléis en diversas pruebas, sabiendo que la prueba de vuestra fe produce paciencia".
>
> —Santiago 1:2–3

La mente declara la guerra

El corazón nuevo ha venido a asumir su legítimo lugar de autoridad, y el cerebro está dolorosamente enterado de esto. Los científicos han dicho que el cerebro teme al corazón, y yo creo que esto es particularmente una vez que es separado de su conexión nerviosa.[3] La vieja mente sabe que *alguien* está en control. La nueva asignación para ese corazón va a ser llevada a cabo—con o sin la ayuda del cerebro.

Cuando nosotros dejamos de obedecer la vieja mente, estamos dejándola morir. Un paradigma de transferencia está sucediendo. Mientras estamos dejando morir la vieja mente (como resultado de leer y obedecer la Palabra de Dios), el corazón nuevo está reemplazando las acciones y patrones viejos en el cerebro. A medida que siembra para el Espíritu, está tomando de vuelta el terreno que Satanás una vez ocupó.

La mente percibe esto como una amenaza a su existencia, entonces le declara la guerra al corazón nuevo... y las batallas continúan. El apóstol Pablo dijo:

> "Así que, queriendo yo hacer el bien, hallo esta ley: que el mal está en mí. Porque según el hombre interior, me deleito en la ley de Dios; pero veo otra ley en mis miembros, que se revela contra la ley de mi mente, y que me lleva cautivo a la ley del pecado que está en mis miembros".
>
> —Romanos 7:21–23

La mente es usada a un exceso de velocidad, corriendo y respondiendo a la manera mundana de hacer las cosas. En otras palabras, si usted camina hacia mí y me golpea, entonces mi cerebro dice, "fui entrenado por la sociedad a devolverle el golpe".

Pero el corazón nuevo dice, "devuelve la otra mejilla". "Si una persona quiere tu chaqueta, también dale tu capa". El corazón nuevo nos dice que caminemos una milla extra por la paz, (Mt 5:39–41).

Cuando un enemigo viene en su contra y lo hiere, la mente vieja dice, "No quiero tener nada que ver contigo".

Pero la Palabra que fluye del corazón nuevo dice, "Amad a vuestros enemigos, bendecid a los que os maldicen, haced bien a los que os aborrecen, y orad por los que os ultrajan y os persiguen", (Mt 5:44). Así usted entra en una guerra inmediata, porque la Palabra de Dios está punzando su mente vieja y literalmente "cancelando" los patrones de pensamiento mundanos.

Un contraataque de doble punta

Cuando usted obedece las reglas del corazón nuevo, la Palabra realmente comienza a renovar la mente desde afuera y desde adentro. El cerebro está insertado. ¡Usted tiene la Palabra dentro de usted y está poniendo la Palabra en usted (desde afuera) leyendo la Biblia—la cual viaja a través de sus ojos y va directamente al cerebro! Entonces el modelo del corazón viejo está literalmente siendo exprimido. Este es el motivo por el que la batalla se pone violenta y usted siente el conflicto dentro de usted. Sus modelos de pensamiento han sido "enterrados" por años y años.

Es importante entender el proceso de recibir un corazón nuevo. Éste comienza un día mientras usted está sentado en un servicio de la iglesia. Alguien le pregunta si quiere ser salvo, y usted pasa al altar y recibe un corazón nuevo. En ese momento, todo cambia, enviando señales al cerebro que va a morir. La primera explosión detona en la mente, la cual odia estar fuera de control. Detesta estar desconectada.

Este es el motivo por el que la batalla se pone violenta y usted siente el conflicto dentro de usted. Sus modelos de pensamiento han sido "enterrados" por años y años.

Aún cuando se arrodilla ante el altar decidiendo seguir a Cristo, los pensamientos comienzan a correr por su mente: Yo no puedo entregar esto. Yo no estoy listo para hacer esto. Tengo miedo que 'Fulano' no entienda. Esta es su primera batalla en la guerra por un corazón nuevo. Su mente continúa percibiendo y concibiendo maldad, pero no tiene un viejo corazón en el cual plantar la maldad nunca más. El nuevo corazón no necesita el suministro del cerebro. Él no recibirá esa basura terrenal. Está conectado a la eternidad.

La mente se mantiene desechando sus "señales de alarma" hacia la carne, para que el cuerpo obedezca sus instrucciones y lleve a cabo sus acciones impías. El corazón nuevo responde enviando una ola de convicción, y la batalla continúa. Pronto la carne determina que no disfruta la misión que ha recibido de la mente porque el corazón nuevo la está condenando.

No apague el Espíritu

En el año 1970, los doctores John y Beatrice Lacey observaron el siguiente fenómeno. Ellos fueron capaces de documentar que cuando el cerebro envió señales de alarma al cuerpo, el corazón no obedeció automáticamente (como lo hicieron los otros órganos). Mientras los otros órganos comenzaban a funcionar bajo estado de alarma, el corazón continuaba latiendo suavemente. No sólo esto, pero también observaron que el corazón parecía estar enviando mensajes de vuelta al cerebro, lo cual el cerebro no solo entendió, pero también obedeció. Ellos incluso documentaron que al parecer esos mensajes del corazón pudieron influenciar el "comportamiento motivado" de la persona.[4]

Su nuevo corazón lo traerá al valle de la decisión a medida que usted pasa por el proceso de purificación.

Su nuevo corazón es poderoso, no obstante un gobernante gentil. Si usted se somete a sus impulsos, a pesar de la resistencia de su cerebro, el corazón enviará un mensaje de vuelta al cerebro que dice, "Yo no voy a hacer eso de esa manera. Yo no voy a responder de esa forma". Según usted se someta a Dios, estos mensajes se convertirán tan poderosos que el cuerpo se divorciará de las olas del cerebro y comenzará a alinearse con su corazón nuevo. Esta no es solamente una verdad espiritual; es un hecho físico. Si el corazón envía una clara e intuitiva señal con un sentimiento que dice, "No hagas esto", la cabeza puede vigorosamente resistirse, demandando saber, "¿Por qué? ¿Cómo? ¿Cuándo?", entonces persistentemente la señal del corazón es interrumpida.[5] En el cristianismo, llamamos esto "apagando el Espíritu". Esto también puede explicar por qué puede ser tan dificultoso a veces orar o entrar en una alabanza sincera verdadera. 1 Tesalonicenses 5:19 dice, "No apaguéis el Espíritu".

Dios continúa depurando las "cosas detestables" en nuestra carne a medida que leemos y obedecemos Su Palabra. Todo lo "oculto" comienza a ser expuesto y descartado a medida que la Palabra excava cada pensamiento y motivo impuro. Su batalla será someterse a la dirección del Espíritu, y ésta puede ser una impresionante pelea. Si usted no se somete a su nuevo corazón, finalmente será despojado por el enemigo y arrojado en un frío y oscuro lugar. Su nuevo corazón le traerá al *valle de la decisión* a medida que usted pasa por el proceso de purificación.

Por ejemplo, si usted lee la Escritura (información de afuera viniendo a su mente) que dice, "Ama a tu vecino como a ti mismo", y su corazón nuevo (información del corazón de Dios) está ya programado para amar a su vecino, cuando el pensamiento maligno se levanta para decir, "Odia a tu vecino", éste será inefectivo. El mensaje *que llega* dice, "Ama a tu vecino", se combina con el deseo de amar del corazón nuevo ya dentro de usted y ataca ese pensamiento maligno desde ambos lados, desechándolo. Cuando usted desobedece, ocurre lo opuesto. Su corazón se "debilita" porque usted lo está rechazando.

> "Mira, oh Jehová, estoy atribulada, mis entrañas hierven. Mi corazón se transtorna dentro de mí, porque me revelé en gran manera. Por fuera hizo estragos la espada; por dentro señoreó la muerte. Oyeron que gemía pero no hay consolador para mí; Todos mis enemigos han oído mi mal, se alegran de lo que tú hiciste. Harás venir el día que has anunciado, y serán como yo. Venga delante de ti toda su maldad, y haz con ellos como hiciste conmigo por todas mis rebeliones; porque muchos son mis suspiros, y mi corazón está adolorido.
>
> —Lamentaciones 1:20–22

La línea de medición de Dios

Dios es quien determina cuán bien estamos progresando en nuestra transformación dentro de la vida cristiana, despues que recibimos nuestros corazones nuevos. Cuando Él sacó a Su pueblo de la esclavitud y los regresó a la Tierra Prometida, Él les dijo que iba a medir el progreso que hicieron reconstruyendo Su templo.

> "Diles, pues: Así ha dicho Jehová de los ejércitos: Volveos a mí, dice Jehová de los ejércitos, y yo me volveré a vosotros, ha dicho Jehová de los ejércitos. Y me dijo el ángel que hablaba conmigo: Clama diciendo: Así ha dicho Jehová de los ejércitos: Celé con gran celo a Jerusalén y a Sión. Y estoy muy airado contra las naciones que están reposadas; porque cuando yo estaba enojado un poco, ellos agravaron el mal. Por tanto, así ha dicho Jehová: Yo me he vuelto a Jerusalén con misericordia; en ella será edificada mi casa, dice Jehová de los ejércitos, y la plomada será tendida sobre Jerusalén".
>
> —Zacarías 1:3, 14–16

Cuando Dios comienza a restaurar y construir el templo real dentro de nosotros, éste será terminado de acuerdo a Su línea de medición, no a nuestros "falsos" pesos y medidas. Por esto es que necesitamos desesperadamente el nuevo corazón. Los versículos 17–21 continúan:

> "Clama aún, diciendo: Así dice Jehová de los ejércitos: Aún rebosarán mis ciudades con la abundancia del bien, y aún consolará Jehová a Sión, y escogerá todavía a Jerusalén. Despues alcé mis ojos y miré, y he aquí cuatro cuernos. Y dije al ángel que hablaba conmigo: ¿Qué son éstos? Y me respondió: Estos son los cuernos que dispersaron a Judá, a Israel y a Jerusalén. Me mostró luego Jehová cuatro carpinteros. Y yo dije: ¿Qué vienen éstos a hacer? Y me respondió, diciendo: Aquellos son los cuernos que dispersaron a Judá, tanto que ninguno alzó su cabeza; mas éstos han venido para hacerlos temblar, para derribar los cuernos de las naciones que alzaron el cuerno sobre la tierra de Judá para dispersarla".

Cuando nosotros entreguemos nuestros corazones a Dios y digamos, "¡No más!", Él hará la batalla en nuestro favor. Él ya tiene preparado una hueste de ángeles para pelear por nosotros. Él también ha preparado el Espíritu Santo para extender la "vara de medición", para que esta vez cuando vengamos a Él, seamos 'construídos' apropiadamente. Nosotros seremos construídos de acuerdo a las medidas correctas y cumpliremos el propósito y la misión que Él ya ha puesto en nuestro corazón nuevo.

> "Así será mi palabra que sale de mi boca; no volverá a mí vacía, sino que hará lo que yo quiero, y será prosperada en aquello para que la envié".
>
> —Isaías 55:11

Cuando Dios envía una Palabra de la abundancia que hay en Su corazón, siempre prospera. Por esto es que no debemos rechazar el corazón nuevo. Cuando un "tesoro maligno" está dentro de usted (en su viejo corazón), ¡usted no puede esperar confesar cosas buenas y conseguir lo que quiere! Esto es perversión, porque está haciendo las cosas exactamente opuestas a la manera en que Dios las dispuso (Jer 17:9).

> "Engañoso es el corazón más que todas las cosas, y perverso; ¿quién lo conocerá?"

> "El hombre bueno, del buen tesoro de su corazón saca lo bueno; y el hombre malo, del mal tesoro de su corazón saca lo malo; porque de la abundancia del corazón habla la boca".
>
> —Lucas 6:45

Dios examina nuestros corazones. Él sabe cuando nuestras palabras vienen de la abundancia de la virtud que Él ha almacenado dentro nuestro. Y esas palabras—no las vacías confesiones del cerebro—producirán resultados eternos, y nuestro Padre será complacido. Él es fiel para decirnos cuando estamos haciendo las cosas bien, no a través de las palabras y normas de otros, sino hablándonos directamente a nuestro corazón nuevo, diciendo, "Bien hecho, buen siervo y fiel", (Mt 25:23). La voz de Dios es la única que verdaderamente cuenta.

Nosotros podemos elogiarnos los unos a los otros, compararnos frente a otros y decir muchas cosas—pero debemos reconocer que muchos de los que nos alientan todavía son pececitos en el Espíritu. No son "pez grande" para Dios. Ellos parecen serlo porque están acariciando nuestra carne. De acuerdo a la línea de medición de Dios, ellos no están donde necesitan estar. ¡El peligro de la comparación sale a la superficie otra vez! En el océano, el pececito más pequeño le diría a un pez dorado, "¡Ah, tú eres un pez grande, hermoso y reluciente!" Un tiburón, por otro lado, lo vería de manera diferente.

La voz de Dios es la única que verdaderamente cuenta.

En Romanos 12:3 leemos: "...que no tenga más alto concepto de sí que el que debe tener". Nosotros somos completamente dependientes de Dios y del corazón nuevo que Él pone dentro de nosotros. Si fallamos en confiar en Él y obedecerle a medida que Él comienza a purificar nuestros templos terrenales, podemos ser tomados prisioneros por el enemigo otra vez. Podemos someternos al proceso de reconstrucción de Dios, o podemos volver al abismo. La elección es nuestra. Necesitamos abrazar el nuevo corazón.

Capítulo 8

El nuevo corazón

El nuevo corazón es un asombroso misterio, y nosotros debemos caminar en el Espíritu para entender sus profundidades. ¡Nosotros sostenemos los sentimientos y propósitos de Dios dentro de nosotros! Esto es impresionante.

> "Porque ¿quién conoció la mente del Señor? ¿Quién la instruirá? Mas nosotros tenemos la mente de Cristo".
>
> —1 Corintios 2:16

Aún más, nuestro corazón nos guía dentro del consejo de Dios si nos sometemos a su dirección. Sí, nuestro nuevo corazón tiene un cerebro, y ese cerebro es la mente de Cristo.

El viejo corazón puede funcionar independientemente del cerebro. El nuevo corazón también tiene esta habilidad, pero más aún—porque es sobrenatural. La vieja (natural) conexión del "nervio" ha sido separada, así que este corazón es capaz de gobernar su viejo cerebro porque no estaba con su cuerpo original al momento de la concepción. Nunca fue saturado con información por su viejo cerebro, por lo que tiene el poder para tomar la autoridad. Este corazón no ha sido naturalmente condicionado a inclinarse a su mente a través de años de familiaridad. Su nuevo corazón tiene la innegable habilidad para caminar en los estatutos de Dios.

Cuando usted dice, "Yo he nacido de nuevo en Cristo Jesús", lo primero que comienza a funcionar y gobernar en ese espacio es el corazón.

Su nuevo corazón tiene una innegable habilidad para caminar en los estatutos de Dios.

> "Y les daré un corazón, y un espíritu nuevo pondré dentro de ellos; y quitaré el corazón de piedra de en medio de su carne, y les daré un corazón de carne, para que anden en mis ordenanzas, y guarden mis decretos y los cumplan, y me sean por pueblo, y yo sea a ellos por Dios".
>
> —Ezequiel 11:19–20

Para mí es increíble que Dios haya permitido a los científicos probar (a los cristianos) la diferencia entre una persona que dice, "Yo he sido tocado", y alguien que ha sido convertido verdaderamente. Cuando usted ha sido convertido de verdad, recibe un corazón nuevo, y ese corazón lo lleva al comienzo—a cuando usted era un feto—porque su corazón nuevo late sin ser conectado al cerebro, así como un bebé no nacido.

Nicodemo, un principal de los fariseos y uno de los hombres más prudentes de sus días, se quedó perplejo por el misterio del nuevo corazón.

"Respondió Jesús y les dijo: De cierto, de cierto te digo, que el que no naciere de nuevo, no puede ver el reino de Dios. Nicodemo le dijo: ¿Cómo puede un hombre nacer siendo viejo? ¿Puede acaso entrar en el vientre de su madre, y nacer? Respondió Jesús: De cierto, de cierto te digo, que el que no naciere de agua y del Espíritu, no puede entrar en el reino de Dios. Lo que es nacido de la carne, carne es; y lo que es nacido del Espíritu, espíritu es. Si os he dicho cosas terrenales, y no creéis, ¿cómo creeréis si os dijere las celestiales? Nadie subió al cielo, sino el que descendió del cielo; el Hijo del hombre que está en el cielo".

—Juan 3:3–6, 12–13

Nicodemo tuvo sabiduría terrenal, no la sabiduría de Dios. Si vamos a abrazar el corazón nuevo, debemos recibir y creer la Palabra de Dios.

Más en la anatomía del corazón

En los veinticinco días del embarazo de la mujer, el corazón se ha formado y comienza su ritmo. Fuera de cualquier definición legal, algunos doctores dicen que la muerte realmente ocurre cuando el corazón deja de latir, porque el corazón está vivo antes que el cerebro sea formado y puede continuar latiendo después que el cerebro está muerto.

A través del patrón de sus latidos, el corazón envía olas de presión que se mueven a través de las arterias para crear nuestras pulsaciones. Los latidos del corazón también influyen la actividad del cerebro y proveen oxígeno, nutrientes y energía eléctrica a cada órgano y glándula de nuestros cuerpos.

Los investigadores tienen documentado que cuando un pulso de sangre sube al cerebro, cambia la actividad eléctrica del mismo. ¡Altera el fluir de ese proceso del cerebro! Su corazón nuevo es también capaz de enviar "olas" de vida, precipitando a su cerebro y el resto de su ser hacia los caminos de Dios.

> "Y si el Espíritu de aquel que levantó de los muertos a Jesús mora en vosotros, el que levantó de los muertos a Cristo Jesús vivificará también vuestros cuerpos mortales por su Espíritu que mora en vosotros. Así que, hermanos, deudores somos, no a la carne, para que vivamos conforme a la carne; porque si vivís conforme a la carne, moriréis; mas si por el Espíritu hacéis morir las obras de la carne, viviréis".
>
> —ROMANOS 8:11–13

De los trillones de células que hay en el cuerpo humano, las células del corazón son las únicas que pueden pulsar. Con cada pulsación, la "comunicación inteligente" toma lugar. De acuerdo a los cardioenergéticos (una nueva área de la ciencia), nuestro corazón *media* en nuestros pensamientos, sentimientos, miedos y sueños. Esto también mantiene nuestros cuerpos en balance químico. (Ver "el balance hormonal" en el capítulo seis.) La investigación también reveló que el corazón tiene un impacto poderoso en lo externo del cuerpo. Por ejemplo, cuando las enfermeras hicieron escuchar una grabación de latidos del corazón en un cuarto de niños de un hospital, el llanto fue reducido a casi el 55%. Los latidos se convierten en su ritmo—un sistema de "salva vidas" emocional.[1]

A diferencia del cerebro, o cualquier otro órgano en el cuerpo, nosotros podemos intuir, oir y sentir nuestros corazones. Nuestro corazón no solamente afecta cada célula en nuestros cuerpos, su área electromagnética también ha sido medida para radiar en lo externo del cuerpo, aún hasta diez pies de distancia.[2] De cualquier manera que lo mire, el corazón es magnético.

La atmósfera del corazón

Dios nos dice que Él tiene un patrón a seguir que mantendrá nuestro corazón nuevo vivo. Es una atmósfera en donde nuestros corazones nuevos florecerán. Ella restaura todo a un estado de balance y armonía con Dios. Esta es la atmósfera de la adoración.

> "Por eso pues, ahora, dice Jehová, convertíos a mí con todo vuestro corazón, con ayuno y lloro y lamento. Razgad vuestro corazón, y no vuestros vestidos, y convertíos a Jehová vuestro Dios; porque misericordioso es y clemente, tardo para la ira y grande en misericordia, y que se duele del castigo".
>
> —Joel 2:12–13

Otro hecho asombroso acerca de los latidos del corazón está vinculado con esto. Si usted pone células divididas del corazón (sin tocarlas) juntas en un plato, sin células nerviosas que las conecten, ellas caerán en el mismo patrón de latidos, uno diferente al latido de cada célula individual. Este es el mismo principio de balance que yo mencioné en el capítulo siete, sólo más grande. El balance "reloj" representó todo en su cuerpo alineándose con su corazón—ya que el corazón tiene más energía. Este balance "células del corazón" vincula el corazón a su Creador.

Dios desea que dediquemos nuestras vidas completamente a Él, confiando y obedeciendo Sus instrucciones. Al hacer esto, nuestros corazones son fortalecidos, y es creada una atmósfera de virtud, adoración y purificación que le recuerda a su corazón de su hogar celestial.

"Diles, pues: Así ha dicho Jehová de los ejércitos: Volveos a mí, dice Jehová de los ejércitos, y yo me volveré a vosotros, ha dicho Jehová de los ejércitos. Así que, hermanos, os ruego por las misericordias de Dios, que presentéis vuestros cuerpos en sacrificio vivo, santo, agradable a Dios, que es vuestro culto racional".

—Zacarías 1:3; Romanos 12:1

Su corazón nuevo viene de un lugar purificado, y para que él sea suficientemente fuerte para estar en una posición dispuesta, usted tiene que mantenerlo en este tipo de atmósfera.

Cuando un bebé es traído al mundo desde el vientre de su madre, las enfermeras lo envuelven y se lo entregan a la madre, quien lo sostiene cerca de su corazón. Esto hace que el recién nacido se sienta protegido y tibio, así como vivió en el vientre.

Si usted saca un pez fuera del océano, éste puede sobrevivir hasta que vuelva a ponerlo en el agua dentro de un corto período de tiempo. Usted no puede sacar el pez fuera del océano, su lugar de origen donde sobrevive y es dichoso, traerlo a casa y dejarlo sobre la mesa. Nunca vivirá de esa manera. Si usted lo saca del agua en donde está acostumbrado a vivir, tiene que ponerlo otra vez en agua para que permanezca vivo.

Su corazón nuevo viene del reino del Espíritu, entonces usted tiene que mantenerlo en la atmósfera del Espíritu para conservar su existencia.

Un bebé lucha para estar en el vientre, y el pez luchará si lo saca del agua. Sucede lo mismo con el nuevo corazón. Él anhela la justicia, está "hambriento y sediento"—se sofocará si usted lo saca de la presencia de Dios. Si usted tiene un corazón nuevo, debería llegar al punto en que no puede recibir suficiente de Dios, de la iglesia o del pueblo de Dios—porque este corazón vive y es dichoso en la atmósfera de la adoración.

Su corazón nuevo desea las cosas de Dios sobre todas las cosas del mundo. Usted se encontrará diciendo, "Tengo que lavar los platos, ¡pero me siento como glorificando a Dios!" No tendrá más el pensamiento en su corazón, "ah no, tengo que orar", o "tengo que ir a la iglesia", o "tengo que adorar". En vez de eso, cuando usted se prepare para sus faenas diarias, alistándose para el trabajo, usted pensará, "yo tengo que ir a trabajar, ¡pero quiero quedarme aquí en Su presencia!"

¡Su corazón nuevo ya no estará sentado en el banco de la iglesia ni será forzado a adorar! No mirará su reloj contando rápidamente tres minutos para orar cuando su día comienza. No tendrá que tratar con sentimientos de disgusto u odio hacia su hombre. Su corazón nuevo lo forzará a amar a otros.

Este corazón está estallando con las características de Cristo y anhela las oportunidades de expresar a Cristo a través de sus acciones. Como está hambriento y sediento por Dios, usted debe nutrirlo y alimentarlo mediante su "vida en Cristo". Su corazón nuevo viene del reino del Espíritu, entonces usted tiene que mantenerlo en la atmósfera del Espíritu para conservar su existencia.

El corazón nuevo viene de la gloria—de Dios mismo, del cielo—donde las huestes celestiales le alaban y le adoran continuamente. Su gloria, pureza, justicia e impresionante presencia rodeó su corazón como una tibia manta antes que Él se lo diera. Este corazón no puede descansar en medio de basura. Usted tiene que ponerlo en la misma atmósfera en la que fue nacido.

> "Hijo mío, está atento a mis palabras; inclina tu oído a mis razones. No se aparten de tus ojos; guárdalas en medio de tu corazón; porque son vida a los que las hallan, y medicina a todo su cuerpo. Sobre toda cosa guardada, guarda tu corazón; porque de él mana la vida".
>
> —Proverbios 4:20–23

Respondiendo a los ritmos del corazón nuevo

Otra cosa asombrosa acerca del latido del corazón es que responde a la música. Precisamente como el corazón influye en las funciones autonómicas (subconciente, automático) de su cuerpo (como por ejemplo, la respiración), el nuevo corazón comenzará gentilmente a influenciar en su comportamiento. Usted deseará hacer algo que agrade a Dios, ¡Algunas veces antes de que haya aprendido la escritura que le dice lo que debería hacer!

> "Por lo demás, hermanos, os rogamos y exhortamos en el Señor Jesús, que de la manera que aprendisteis de nosotros cómo os conviene conduciros y agradar a Dios, así abundéis más y más".
>
> —1 Tesalonicences 4:1

Yo he visto personas que convirtieron que no sabían ni lo básico acerca de Dios antes de su conversión. Ellos no crecieron en la iglesia, sin embargo tuvieron una experiencia con Dios. Después de su conversión comenzaron a decir cosas como, "Él me dijo que no mire esa película". "Él me dijo que me quitara esa ropa porque era demasiado seductora". "Él me dijo que me sacara el aro de mi labio".

A veces yo preguntaba, "¿Tú encontraste eso en las Escrituras?

Ellos me respondían, "No, no he leído acerca de eso, pero eso es lo que Dios me dijo que hiciera". Ellos comenzaban a responder automáticamente a la nueva información que estaba fluyendo en sus corazones nuevos. En Gálatas 5:16 leemos:

> "Digo, pues: Andad en el Espíritu, y no satisfagáis los deseos de la carne".

Este versículo se refiere al hecho de que usted ha sido desconectado de su cerebro porque ya no está respondiendo a sus demandas. ¡Usted está obedeciendo a los impulsos del Dios Omnipotente! A causa de eso, usted no seguirá más los impulsos de la carne. Los versículos 17–21 describen esos deseos carnales:

> "Porque el deseo de la carne es contra el Espíritu, y el del Espíritu es contra la carne; y éstos se oponen entre sí, para que no hagáis lo que quisiereis. Pero si sois guiados por el Espíritu, no estáis bajo la ley. Y manifiestas son las obras de la carne, que son: adulterio, fornicación, inmundicia, lascivia, idolatría, hechicerías, enemistades, pleitos, celos, iras, contiendas, disensiones, herejías, envidias, homicidios, borracheras, orgías, y cosas semejantes a estas; acerca de las cuales os amonesto, como ya os lo he dicho antes, que los que practican tales cosas no heredarán el reino de Dios".

No sea como un pez fuera del agua. ¡Dios no quiere que muera! Sométase a los caminos del Señor, y su nuevo corazón florecerá, trayendo vida a cada parte de su ser. Los versículos 22–24 continúan describiendo la vida que su nuevo corazón le trae:

> "Mas el fruto del Espíritu es amor, gozo, paz, paciencia, benignidad, bondad, fe, mansedumbre, templanza; contra tales cosas no hay ley. Pero los que son de Cristo han crucificado la carne con sus pasiones y deseos".

Si nosotros vivimos por el Espíritu Santo, ¿cómo podemos crucificar la carne con nuestro nuevo corazón?

> "Si vivimos por el Espíritu, andemos también por el Espíritu. No nos hagamos vanagloriosos, irritándonos unos a otros, envidiándonos unos a otros".
>
> —Gálatas 5:25–26

¡Todas estas cosas han sido descritas por los científicos (no por la iglesia) como las labores de la mente! Porque este es un mundo competitivo, y nuestros viejos cerebros han sido entrenados (de acuerdo a doctores en medicina) para competir. Los cristianos se han convertido en "engreídos, competitivos, desafiantes, envidiosos unos de otros".

Nuestras mentes están determinadas a quedarse en la cima, ser número uno sobre nuestros corazones y cuerpos. Así nuestras mentes han aprendido a seguir acumulando más y más información. La vieja mente trata de impulsar el viejo corazón por tierra, mientras que su cerebro intenta mantenerlo con la última información, tecnología y todo lo demás, sólo para competir.

Cuando esto ocurre dentro de usted, cuando usted está consciente de que se siente celoso de las personas y quiere competir, es tiempo de hacer un cambio. Algo está mal si está teniendo este tipo de pensamientos: *¿Predico mejor que esta persona? ¿Quién canta mejor? ¿De quién es la iglesia más grande?* Tales pensamientos son las labores de su mente. Ellos no fluyen del corazón de Dios.

Por eso es que mencioné en el primer capítulo, que hay una señal verdadera por toda la nación. La Iglesia aún no ha tocado lo profundo del corazón de Dios. En muchos casos, nuestros cerebros nos están dirigiendo.

Se ha comprobado científicamente que cuando la gente se somete a "lobotomies", un procedimiento donde parte del cerebro es removido, ellos todavía pueden sobrevivir. Sin embargo usted no puede remover el corazón de una persona y esperar que la persona viva. Lo mismo sucede con nuestros corazones nuevos. Su vida está escondida en Dios, quien es la esencia de su corazón nuevo. Usted no puede remover el corazón nuevo y esperar vivir espiritualmente.

Otro hecho interesante acerca del cerebro es que no tiene sentimientos. Si aplicamos esto espiritualmente, podemos descubrir por qué la gente puede maldecir y no sentirlo. Ellos pueden hacer cosas malignas y tener pensamientos malignos, y no estar espiritualmente conscientes o dolidos por sus acciones. La razón es porque ellos han cortado el lenguaje inteligente de su corazón nuevo. Las Escrituras nos dicen repetidamente que "escuchemos" la Palabra del Señor. (Ver Lv 26; Dt 15:5; 1 R 11:38; Pr 8:32; Is 46:12.) En el idioma hebreo, esta palabra significa "escuchar inteligentemente".[3]

El cerebro, por otro lado, tiene mucha información entrando en él, que sobrecarga y paraliza el viejo corazón. El viejo corazón no podría competir contra él. Esta es una de las razones principales porque su nuevo corazón tiene que ser desconectado de la mente. ¡Su corazón nuevo ha venido cargado con información divina que no ha sido aún revelada al hombre! Eso le dice al viejo cerebro, "¡Yo conozco material que tú no conoces. Yo conozco cosas que tu intelecto nunca pudo comprender! La única manera en que tú serás capaz de entender es si Dios te las revela a ti".

Sólo la sangre puede salvarnos

Otro hecho aún más asombroso acerca del corazón nuevo es la desconexión de la vieja mente. Desde que las arterias, las cuales transportan la sangre, ya no están conectadas por extremidades nerviosas al viejo corazón, ellas establecen la conexión a nuestros nuevos corazones. ¡Alabe al Señor! Solamente por la sangre el corazón puede gobernar la mente. Por la sangre es como el corazón nuevo permanece purificado, porque es el ciclo continuo; pasa a través del corazón hacia el resto del cuerpo. ¡La sangre de Cristo puede literalmente "lavar sus pecados", haciéndolo "blanco como la nieve" (puro) a Su vista!

¡Nosotros tenemos vida en la sangre! Por eso cuando Jesús dijo, "Ya vosotros estáis limpios por la palabra que os he hablado," (Jn 15:3), Él estaba revelando un proceso espiritual. La Palabra entra en la mente y la limpia, luego la sangre fluye a través de ella y le da vida. ¡La Palabra de Dios es viva porque Jesús derramó Su sangre y transformó páginas escritas en realidad viviente! Su sangre trae la Palabra viva. Esto hace la obra del evangelio.

Aún más que esto, así como el paciente que recibe un transplante de corazón debe recibir transfusiones de sangre como parte del proceso, cuando usted recibe un corazón nuevo, también ha recibido sangre nueva—¡la sangre de Cristo!

Esta sangre nueva le identifica con el Padre y prepara la atmósfera para el corazón nuevo. Ésta le limpia y llena cada parte de su ser con el carácter de Cristo. Ese carácter (el cual define quién es usted) es pasado a usted a través del DNA de su Padre celestial. Jesús fue la imagen idéntica de Dios porque Él siguió diligentemente Su corazón nuevo. Él dijo, "El que me ha visto a mí, ha visto al Padre", (Jn 14:9).

Por esta razón necesitamos ser "nacidos de nuevo" y recibir el corazón nuevo. El DNA espiritual en nuestra nueva sangre es eternalmente nueva. Nos hace "hijos" e "hijas" de Dios, causando que nos parezcamos más a Él a medida que obedecemos a nuestro corazón nuevo. ¡El DNA siempre revela quién es el verdadero padre!

El clamor del corazón de Dios

> "Por esto, mis amados hermanos, todo hombre sea pronto para oír, tardo para hablar, tardo para airarse; porque la ira del hombre no obra la justicia de Dios. Por lo cual, desechando toda inmundicia y abundancia de malicia, recibid con mansedumbre la palabra implantada, la cual puede salvar vuestras almas".
>
> —Santiago 1:19–21

Su corazón nuevo es el corazón de Dios. ¡Éste viene con Su voluntad, Sus caminos, Su propósito, su misión y su obediencia! Este corazón, y solo este corazón, contiene el poder para cambiar la manera en que usted vive.

Entonces hágase estas preguntas: "¿Soy verdaderamente salvo? Aún cuando lloré en el altar, ¿me convertí verdaderamente? Aún cuando estoy en la iglesia, fiel, participando en los servicios; que me siento en el segundo banco cada domingo, ¿ha sido cambiado mi corazón? ¿Recibí un transplante de corazón de Dios verdaderamente?"

¿Tengo verdaderamente el nuevo corazón?

Capítulo 9

La mente **renovada**

Si usted ha recibido el nuevo corazón, hay probabilidades de que recuerde cuándo esto sucedió. Súbitamente, su respuesta al mundo comenzaría a cambiar—algunas veces para su propia sorpresa. La transformación espiritual comienza a manifestarse en su cuerpo físico. Para hacerlo, debe ser procesado por su cerebro.

Cuando Dios le da un corazón nuevo, esto da la seguridad de que Él también va a hacer nueva su mente. El viejo (natural) cerebro es formado, paso por paso, en cuatro diferentes etapas. Si bien usted recibe un corazón nuevo de una vez, la mente debe ser transformada por etapas y niveles. Volviendo a la concepción, el corazón se forma y late antes de que el cerebro sea creado. Luego crece desde la base superior, comenzando con la médula, la amígdala, la corteza cerebral y, finalmente, los lóbulos frontales. De acuerdo a la medicina, el transplante de corazón es inmediato, pero la transformación de la mente es progresiva.

Las cuatro etapas de la transformación de la mente

Para los cristianos, nuestro campo diario de batalla es el estado progresivo de la renovación de nuestras mentes.

> "Por tanto, amados míos, como siempre habéis obedecido, no como en mi presencia solamente, sino mucho más ahora en mi ausencia, ocupaos en vuestra salvación con temor y temblor, porque Dios es el que produce en vosotros así el querer como el hacer, por su buena voluntad".
>
> —Filipenses 2:12–13

A la vez que usted se somete a Dios a través de su corazón nuevo, Él equilibra su ser entero. Su cuerpo comienza a pulsar con los nuevos ritmos de su nuevo corazón, las ondas de presión arterial golpean su cerebro, y la vieja mente comienza a responder al nuevo fluir de su corazón. Y aunque el efecto inmediato puede ser insignificante, descubre que ya no piensa de la misma manera. Escasa, pero consistentemente, su manera de pensar y de hacer las cosas cambia.

Nos será útil hacer un breve repaso del desarrollo de la mente como lo aprendimos en el capítulo seis. La mente comienza a desarrollarse después que el corazón está en su lugar, y crece desde la base superior. La médula oblongata establece la unión entre las funciones automáticas del corazón, la mente y el cuerpo. Luego se desarrolla la amígdala, la cual acumula recuerdos emocionales y forma la base de sus percepciones. Fuera de la amígdala, se forman los centros de la lógica, empezando por la corteza cerebral, donde emergen patrones complejos de pensamiento como planear, pensar estrategias, reflexionar, inspiración e imaginación. Por último, se desarrollan los lóbulos frontales, permitiéndole hacer decisiones basadas en el suministro emocional y lógico. Esta sección retroactúa en la amígdala, diciéndole cómo reaccionar o responder desde los recuerdos emocionales.[1]

De acuerdo a la medicina, el transplante de corazón es inmediato, pero la transformación de la mente es progresiva.

Cada etapa del desarrollo de su mente debe ser renovada. La Palabra debe "perforar" cada parte de la mente, transformando pensamientos y emociones en el nivel consciente y subconsciente.

Los cuatro niveles de la conciencia

Precisamente, como hay cuatro etapas en el cerebro, hay cuatro níveles de conciencia llamados ondas cerebrales, o corrientes eléctricas que completan un ciclo a través de él. Los conocemos con el nombre de Beta, Alpha, Theta y Delta. Ellos son medidos por el poder del impulso, o frecuencia, así como rapidez, lo cual determina la categoría. El ciclo de Beta es de dieciocho a treinta veces por segundo; Alpha es el siguiente con ocho a doce ciclos, seguido por Theta de cuatro a siete ciclos, y finalmente a las ondas de Delta a menos de seis ciclos por segundo. Tanto más rápidos sean los ciclos, su nivel de conciencia será más alto.[2]

La mayoría de las personas funcionan en el nivel Beta mientras están despiertas. Este nivel es rápido pero no el más eficiente. La lógica y la resolución de problemas del lóbulo frontal y la corteza cerebral son más fáciles en Beta; De todas maneras, sus pensamientos a veces "chocan" en este nivel. Los investigadores dicen que usted no puede detener o disminuir la rapidez de las ondas de Beta suficientemente como para enfocarse en un solo pensamiento, descuidando los detalles importantes. Así es como la vieja mente le engaña. La lógica y la toma de decisiones, las cuales requieren claridad en el pensamiento, no pueden ser claras y enfocadas cuando su corazón y su mente están fuera de balance.

Los americanos vivimos en una sociedad instantánea, por eso el pensamiento de Beta es muy bienvenido aquí. Nosotros queremos que las cosas sucedan rápido, y tomamos las cosas en nuestras propias manos. Dios no está complacido. Los pensamientos de Beta deterioran y desgarran su corazón (y su cuerpo completo) si usted permanece en este nivel demasiado tiempo. No obstante el "controlador" cerebro ama el nivel Beta; éste lo mantendrá lejos de la calma y de escuchar su corazón siempre que pueda. Como el "estrés", los pensamientos de Beta pueden ser asesinos silenciosos. Antes de que lo reconozca, sus patrones de pensamiento están en sobremarcha, y el quebrantamiento es inminente.

Alpha tiende un puente sobre su mente consciente y subconsciente. Este ha sido llamado el ciclo más productivo, y fue el primero que las personas aprendieron a identificar y controlar. Alpha es una alerta, un estado de soñar despierto, una relajada y separada conciencia que refleja una mente receptiva. Alpha

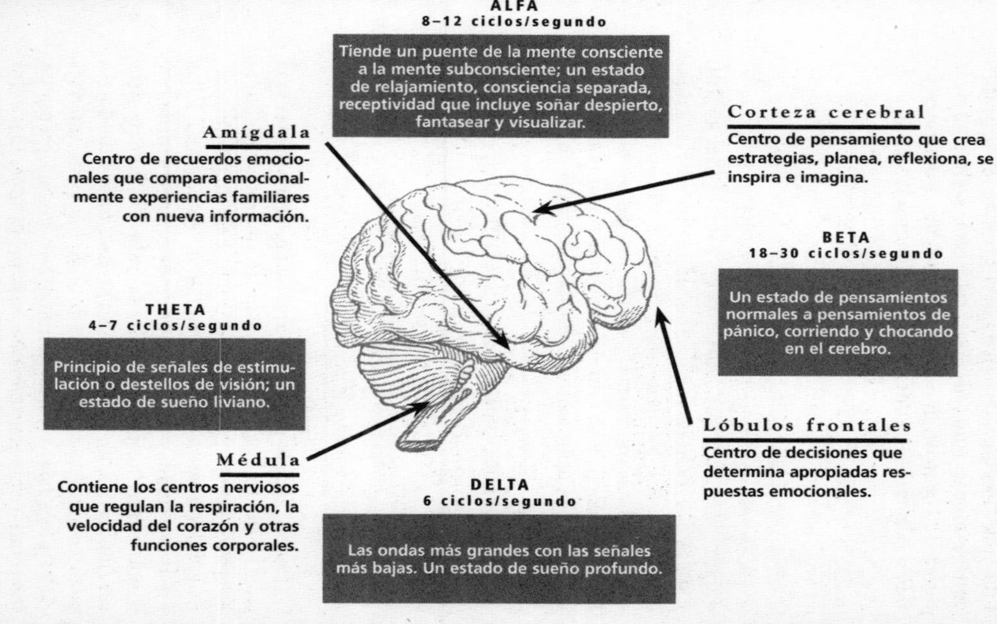

Adaptado de Childre and Martin, ***The HeartMath Solution***, 31, figura 2.2, "Neurological communication from the heart to the brain."

parece funcionar primeramente entre la corteza cerebral y la amígdala. Si Alpha está perdida, la conexión con su mente subconsciente está rota. Usted no será capaz de recordar detalles de sus sueños o visiones de Dios. Alpha es la conexión entre "conocer" y "hacer".

> "Temblad, y no pequéis; meditad en vuestro corazón estando en vuestra cama, y callad".
>
> —Salmo 4:4

El estado de Alpha es donde usted ha elegido "estar quieto" y conocer que Dios está en control (Sal 46:10). Este es el estado de mediación, donde usted está consciente de sus alrededores, pero más sintonizado en su conciencia interior. La resolución de problemas se hace más fácil, y sus intuiciones más profundas. Usted atrapa los pensamientos que están perdidos en Beta.

Muchos han sido lastimados, golpeados y ofendidos porque sus mentes—no sus corazones—los estaban dirigiendo.

Theta es el próximo nivel, operando mientras usted está en un sueño liviano. Las ondas de Theta son más suaves que las de Alpha, pero más intensas, usualmente indicando estimulación emocional. Ellas están conectadas con pensamientos e inseguridades de niños (niños hasta la edad de la pubertad tienen altos niveles de las ondas de Theta).[3] Las ondas de Theta parecen operar mano a mano con los pensamientos de la amígdala, y ellas también pueden intervenir en los modelos de pensamiento más profundos. Destellos de visiones vienen del reino de Theta. Por ejemplo, alguna vez pensó, "Algo no está bien aquí...yo no sé qué es, pero algo está mal aquí".

Algunas veces las ondas de Theta se relacionan con esos presentimientos que todos tenemos de vez en cuando. ¿Alguna vez pensó, "No vayas por este camino", pero igualmente fue? Entonces ocurrió algo que pudo haber sido evitado. Posiblemente, su corazón nuevo estaba conectándose con las ondas de Theta. Muchas veces cuando algo va mal, volvemos a pensar en el incidente y decimos, "¡Yo tuve ese presentimiento!" En realidad, nuestros corazones estaban advirtiéndonos del peligro—ya habiendo percibido qué es lo que iba a pasar—pero no estábamos en el estado exacto de conciencia para recibir la revelación total. No podemos correr alrededor de los pensamientos de Beta y esperar tener la perspicacia del corazón nuevo. Muchos han sido lastimados, golpeados y ofendidos porque sus mentes—no sus corazones—los estaban dirigiendo.

Los pensamientos de Delta es donde "lo profundo llama a lo profundo"—la mente subconsciente—donde "todas las ondas y las oleadas están pasando sobre mí" (Sal 42:7). Este es el abismo, la más profunda profundidad de su mente; usted no puede medirla, entenderla o controlarla. ¡Aquí es donde Dios puede cambiar su temperamento y comportamiento sin que ni siquiera usted lo sepa! Hay un dicho: "Un leopardo no puede quitar sus manchas". Él puede, y Él lo hará, si permite que la Palabra de Dios perfore el nivel Delta.

Delta es donde su mente puede recibir la "carne" de la Palabra a medida que perfora las profundidades más recónditas de su ser—donde las ondas de Delta y Theta se unen. Como un niño, usted abraza la verdad y confía en Dios con una conciencia tranquila. David dijo, "Aún en las noches me enseña mi conciencia", (Sal 16:7). En el nivel de pensamiento Delta, "Todas las cosas son posibles para Dios", (Mr 10:27). Esta profunda transformación subconsciente fluye—a través de sus emociones y lógica—para iluminar su ser entero. Cuando el corazón nuevo está en completo control, los impulsos eléctricos son sobrenaturales—porque la conexión natural ha sido cortada. ¡Esta mente está controlada por el poder de Dios!

La mente emocional

Como usted ha leído, los pensamientos conscientes empiezan y terminan en sus emociones. Las emociones dan significado a hechos generados por su lógica—por esto es que nuestros centros de lógica crecen fuera de nuestras emociones. La palabra emoción literalmente significa "energía en movimiento". Es un sentimiento fuerte—como el amor, el enojo, el gozo o la tristeza—que nos mueve. Básicamente, la energía emocional es neutral. Son nuestros pensamientos lógicos y las reacciones físicas los que hacen nuestras emociones ser positivas o negativas.

Las personas tienden a pensar que las emociones vienen del corazón. La verdad es que ambos, nuestra mente y corazón, las manejan.

Las emociones de la cabeza son egocéntricas y defensivas. Son movidas por "qué puedes hacer tú por mí". Ellas quieren gratificación instantánea. Ellas son como el amor condicional, que dice, "Yo te amaré, si tú me amas y satisfaces mis necesidades". Las emociones del cerebro le conducirán a hacer cosas que son imprudentes o peligrosas.

Las emociones del corazón son profundas y desinteresadas. Ellas se expresan sin esperar nada a cambio. Las emociones del corazón reflejan madurez emocional; ellas son balanceadas y ofrecen soluciones a los problemas en vez de participar en ellos. Son como el amor ágape, que es el amor que Dios nos muestra. Dios, quien entiende nustras debilidades, ve los problemas en los que nos metemos y nos ayuda a encontrar la solución, sin embargo no se ve implicado en nuestros problemas. Él nos ama a pesar de lo que somos, y no espera nada a cambio.

Circuncisión del corazón

Porque Dios nos entiende completamente, Él ha elegido regir en nuestras vidas a través de nuestro corazón nuevo. Cuando Él estableció la relación de pacto con Israel (a través de Moisés), Él lo hizo a través de la circuncisión—un corte de la carne, que provocó sangre. Cuando Dios comenzó a enseñarnos las implicaciones espirituales detrás de este hecho físico de la circuncisión, Él nos enseñó acerca de la circuncisión del corazón.

Dios no pudo establecer una relación de pacto con nosotros a través del cerebro. El cerebro dice, "yo haré algo por ti si tú haces algo por mí". ¡El amor y la obediencia que fluyen de nuestros cerebros son condicionales—dependientes de "qué hay en eso para mí!".

Pero el corazón nuevo dice, "yo te amaré…te obedeceré…cuidaré de ti aunque tú no me respondas. Lo haré, a pesar de lo que veo en ti. Lo haré, sin considerar la manera en que me tratas…todavía soy capaz de amarte". La Iglesia aún no ha sido perfeccionada en el amor, porque al minuto que somos ofendidos por las personas dejamos de amarlas. Al minuto que vemos algo en nuestra iglesia, o en nuestro pastor, que no nos gusta, dejamos la iglesia. Nuestros cerebros nos están guiando.

El cerebro acumula todos los hechos, información y emociones. Luego los justifica o los razona. Cuando llega a través del cálculo dice, "me gustas, por ahora". El corazón nuevo (que proviene de nuestro Padre) mira todas las cosas, pero porque es eternal, mira más allá de lo que la persona es ahora, mira lo que va a ser—y la ama hasta que llegue allí. Esto puede lograrse solamente cuando usted está equipado con el conocimiento que está más allá de la tierra. Los creyentes no deberían ver las cosas como lo hace la gente "natural". Nosotros deberíamos ver las cosas como Dios las ve, porque estamos mirando a través de los ojos de nuestro nuevo corazón.

Sin la influencia del gobierno de nuestro nuevo corazón, podemos caer víctimas de emociones negativas como miedo, enojo, culpa o inseguridad. Cuando este corazón entra al cuerpo de las personas, la persona comienza a ver con una nueva perspectiva, aunque él o ella no entiendan el porqué. Cuando tenemos el corazón nuevo, aprendemos a responder en vez de reaccionar. Por ejemplo, si alguien le ofende, la reacción *natural* sería enojo, porque la emoción estaría cargada del patrón de pensamiento natural. Pero la mente, que ha sido renovada de acuerdo a la Palabra, puede mirar una ofensa y llamarla una bendición. La mente renovada es poderosa.

Algunas veces cuando una persona está en un proceso de sanidad física, el doctor diría, "Ella está luchando...". La persona quizás haya sido herida por una bala y tenga todos los signos probables indicando la muerte. Sin embargo a pesar del daño, el doctor dice, "...pero ella está luchando". La mente de esa persona está diciendo, "Yo sé que me hirieron. Yo sé que estoy sangrando a morir, pero estoy luchando por vivir". Muy frecuentemente, la respuesta de la mente al incidente es lo que determina el desenlace.

Lo mismo sucede en lo espiritual. Cuando el corazón y el cerebro están fuera de alineamiento (resultado de una mente no renovada), los patrones de pensamiento que están liberados en del mundo por medio de la carne siempre serán negativos. Este pensamiento negativo puede significar la diferencia entre la vida y la muerte.

Su corazón nuevo revela lo verdadero. Su substancia es la verdad, por lo que revela lo verdadero. Por eso podemos mirar algo que Satanás haya disfrazado para hacerlo parecer como de Dios y llamarlo una mentira. También somos capaces de mirar algo que tiene "forma de piedad" y saber que eso niega "Su poder". ¿Por qué? No hay verdad en eso. ¿Por qué? El amor eternal no vive allí. Jesús dijo, "Y conoceréis la verdad, y la verdad os hará libres", (Jn 8:32).

¿Por qué no lo pensé?

Los científicos han observado que el *sentimiento* es más rápido que el *pensamiento,* por lo que nuestras reacciones emocionales se muestran en las actividades del cerebro antes de que tengamos tiempo para pensar. Tan pronto como percibimos algo, nuestras emociones se activan. Posteriormente pensamos o procesamos la percepción. Esta es la razón por la que decimos cosas antes de que nos demos cuenta por qué las dijimos. Las emociones, aunque sean influenciadas por nuestros pensamientos, *actúan* más rápido. Los doctores han llegado a la conclusión que nosotros no podemos manejar nuestras emociones a través de nuestra mente racional. Nosotros reaccionamos, y luego pensamos.

Recuerde las cuatro secciones de la mente—la médula (respiración, velocidad del corazón y otras funciones del cuerpo), la amígdala (un depósito de recuerdos emocionales), la corteza cerebral (planes, estrategias, reflexiones, inspiración e imaginación) y los lóbulos frontales (haciendo decisiones). El corazón bombea sangre a través de la médula hacia la amígdala y cambia su actividad eléctrica. Esto confirma que nuestras emociones se mueven más rápido que nuestros centros de lógica, o el patrón de ondas cerebrales lento asociado con nuestra mente subconsciente. Nuestros cerebros no pueden manejar nuestras emociones—y transformar nuestras vidas—sin la influencia reguladora del corazón.

A menos que recibamos el nuevo corazón, siempre reaccionaremos a través de nuestra amígdala vía al corazón viejo y maligno. Así que yo podría levantarle la tapa de sus sesos y más tarde pensar con mi lógica, "yo no hubiera hecho eso". Usted podría golpear a alguien porque su viejo corazón lleva información ofensiva directo a su centro de emociones. Si usted tiene un viejo corazón (el cual es de Satanás), y usted insulta a alguien, ¡la amígdala puede hacerle recibir una bofetada! Más tarde (siempre más tarde) los centros de lógica dirían, "debería haber pensado primero. Debería haber dado un paseo. No debería haberle pegado. Entonces no hubiera perdido mi trabajo".

Cuando usted ha recibido un transplante de corazón

de Dios, su primera respuesta desde la amígdala debería ser qué haría Dios. Viendo su respuesta, una persona operando desde la corteza cerebral, área de lóbulos frontales de la mente de él o ella preguntaría, "¿Por qué no le pegaste? ¿Por qué no le insultaste?".

Se pararía ahí (con el corazón de Dios) y diría, "No pude abrir mi boca. El Espíritu Santo no me dejó decir una palabra".

Una persona cerebral, frontal preguntaría, "¿Por qué la llevas en tu automóvil (cuando está lloviendo) cuando sabes que ella no te soporta?".

Usted respondería, "El Espíritu Santo me dijo que detuviera mi automóvil y la invitara". Cuando usted llega a su hogar, su mente diría, "No sé por qué hice eso cuando sé que no le agrado".

Estudios científicos han comprobado que las emociones reciben mensajes directamente del corazón. Lo que significa que la primera respuesta que usted ve revela la naturaleza del corazón de la persona.

Yo sé que esto es verdad por mis propias experiencias. Dios me ha puesto en aprietos donde supe que debería haberme marchado, sin embargo Él no dejó que abriera mi boca. Sé que había sido calumniada, pero aún así Dios me dejó bendecir a las personas que me calumniaron. Ahora yo entiendo, por mi reciente entendimiento de la ciencia, cómo Dios permite que esto suceda. No es fácil para la carne, pero se hará más fácil a medida que usted se someta más a su nuevo corazón.

Desenmarañando el misterio de la mente

Desde que el nuevo corazón deja de estar conectado al cerebro por los nervios, éste puede controlar cada parte de su mente con su poder—su autoridad de pulsación. Así es como el nuevo corazón puede residir en el cuerpo de una persona y causar que la mente haga cosas extrañas. La vieja mente comienza a ser controlada por el poder del nuevo corazón y ya no está controlada por el limitado poder de las extremidades nerviosas. Las extremidades nerviosas solamente pueden soltar cada al cerebro cantidades medidas de poder vez. Cuando el corazón nuevo controla el cerebro con su poder de pulsación, puede enviar poder espiritual tan fuerte como se necesite con el fin de cambiar esa mente.

> "Porque con el corazón se cree para justicia, pero con la boca se confiesa para salvación".
>
> —Romanos 10:10

Su corazón nuevo ya está equipado con la capacidad de creer en Dios. Éste viene "diseñado con fe". La mente debe aprender para demostrar, en cada nivel, lo que el corazón cree. Una certeza poderosa fluye del corazón nuevo, la certeza que Jesús demostró cuando Él vino al mundo.

Jesús dijo ciertamente, "Yo soy la puerta...Yo soy el camino...Yo soy la resurrección". Él no dijo, "Yo pienso que soy la puerta...Yo pienso que soy el camino...Yo pienso que soy la resurrección". Y si Jesucristo, desde luego, es la Palabra "hecha carne" que ha morado entre nosotros—y ahora la Palabra vive dentro de nosotros—podemos ahora hacer las mismas confesiones. Con certeza nosotros podemos declarar, "¡Yo he sido sanado; Yo he sido salvado; Yo he sido libre!" Si yo creo "para salvación", entonces así es como yo soy capaz de decir que soy salvo. Dios sabe cuando Él está vivo y bien dentro de nosotros.

La Biblia dice, "De la abundancia del corazón habla la boca", (Mt 12:34). De todo lo que esté lleno su corazón...todo lo que de él fluya...su boca hablará. Cuando usted dice, "Yo soy salvo", es porque su corazón está lleno, desbordado de abundancia y salvación.

La conexión de mente/cuerpo

En 1 Corintios 2 se revela un impresionante entendimiento de la conexión mente/cuerpo. Miremos lo que la Palabra nos está enseñando en este capítulo.

El apóstol Pablo fue un hombre altamente educado en la religión tradicional. No obstante así como él empieza este capítulo, claramente cita que él estaba determinado a que su corazón nuevo no sería conectado nuevamente a su filosofía o a nada de lo que él había estudiado en el pasado. ¡Él optó por la desconexión permanente!

> "Así que, hermanos, cuando fui a vosotros para anunciaros el testimonio de Dios, no fui con excelencia de palabras o de sabiduría. Pues me propuse no saber entre vosotros cosa alguna sino a Jesucristo, y a éste crucificado".
>
> —1 Corintios 2:1–2

En los versículos 3–7 él nos enseña acerca de la sabiduría del corazón—algo muy diferente al conocimiento de la mente. Era una sabiduría disponible sólo para aquellos que habían recibido un corazón nuevo. Pablo describe esta experiencia diciendo:

> "Y estuve entre vosotros con debilidad, y mucho temor, y temblor; y ni mi palabra ni mi predicación fue

con palabras persuasivas de humana sabiduría, sino con demostración del Espíritu y de poder, para que vuestra fe no esté fundada en la sabiduría de los hombres, sino en el poder de Dios. Sin embargo, hablamos sabiduría entre los que han alcanzado madurez; y sabiduría, no de este siglo, ni de los príncipes de este siglo, que perecen. Mas hablamos sabiduría de Dios en misterio, la sabiduría oculta, la cual Dios predestinó antes de los siglos para nuestra gloria".

Pablo cita, "La que ninguno de los príncipes de este siglo conoció; porque si la hubieran conocido, nunca habrían crucificado al Señor de gloria", (v. 8). ¿Por qué dijo esto? Porque crucificando a Cristo, el Señor de gloria, ellos le dieron a Jesús el poder de vivir dentro de nosotros. Esto habilitó a la gente a recibir sabiduría divina y revelación del "corazón nuevo"—cosas que aún no han sido reveladas al hombre. Esta sabiduría del corazón nuevo eventualmente los sobrepasaría y reemplazaría el conocimiento de la mente sobre el cual ellos basaron sus vidas enteras. Esto los expondría y traería gloria a Cristo—la misma gloria que trataron de destruir.

A través de Pablo, Dios nos está enseñando que no podemos apoderarnos de Dios—o del conocimiento y sabiduría que es sólo de Dios—con nuestras mentes naturales. Para entender a Dios debemos recibir un corazón nuevo. En Joel 2:13 Dios nos dice la única manera para recibir este corazón nuevo, "Rasgad vuestro corazón, y no vuestros vestidos, y convertíos a Jehová vuestro Dios".

En 1 Corintios 2:9–11, Pablo señala el proferir futilidad tratando de apoderarnos de Dios en cualquier otra manera:

"Antes bien, como está escrito: Cosas que ojo no vio, ni oído oyó, ni han subido en el corazón del hombre,

> son las que Dios ha preparado para los que le aman. Pero Dios nos las reveló a nosotros por el Espíritu; porque el Espíritu todo lo escudriña, aún lo profundo de Dios. Porque ¿quién de los hombres sabe las cosas del hombre, sino el espíritu del hombre que está en él? Así tampoco nadie conoció las cosas de Dios, sino el Espíritu de Dios".

Pablo continúa explicando la función del Espíritu Santo al recibir nuestro corazón nuevo:

> "Y nosotros no hemos recibido el espíritu del mundo, sino el Espíritu que proviene de Dios, para que sepamos lo que Dios nos ha concedido, lo cual también hablamos, no con palabras enseñadas con sabiduría humana, sino con las que enseña el Espíritu, acomodando lo espiritual a lo espiritual".
>
> —1 Corintios 2:12–13

Esta sabiduría del corazón que viene de nuestro corazón nuevo está disponible sólo para aquellos que poseen el Espíritu Santo. ¡El Espíritu Santo no bautiza nuestra mente! Nosotros recibimos el Espíritu Santo en nuestros corazones, y cuando esto sucede, Dios nos enseña y nos entrena a combinar el "depósito" espiritual con el nuevo lenguaje espiritual.

> "Pero el hombre natural no percibe las cosas que son del Espíritu de Dios, porque para él son locura (no tienen sentido), y no las puede entender, porque se han de discernir espiritualmente. En cambio el espiritual juzga todas las cosas; pero él no es juzgado de nadie. Porque ¿quién conoció la mente del Señor? (los consejos y propósitos) ¿Quién le instruirá? Mas nosotros tenemos la mente de Cristo (el Mesías)".
>
> —1 Corintios 2:14–16, énfasis añadido

¡La mente de Cristo es la mente de la Palabra! Dios nos ha dado la Biblia literalmente para "poseer" Su mente—la mente de Cristo—la Palabra hecha carne. Una vez que poseemos Su mente, "sostenemos los pensamientos (sentimientos, emociones y propósitos) de Su corazón", (v. 16).

La evidencia de que tenemos un corazón nuevo

Pablo nos ayuda a reconocer la evidencia de que hemos recibido un corazón nuevo y poseemos la sabiduría del corazón sobre la cual él está hablando en 1 Corintios 2. Un niño recién nacido no puede entender el lenguaje inteligente de sus padres adultos, pero a medida que crece debe aprender a hablar. Así un "niño" espiritual en Cristo debe aprender el "lenguaje espiritual". Pablo continúa:

> "De manera que yo, hermanos, no pude hablaros como a espirituales, sino como a carnales, como a niños en Cristo".
>
> —1 Corintios 3:1

Pablo no estaba hablando de usar oraciones o palabras en un lenguaje natural. Él estaba indicando que esos nuevos creyentes eran incapaces de hablar el "lenguaje espiritual". Continuó diciendo:

> "Os di a beber leche, y no vianda; porque aún no erais capaces, ni sois capaces todavía, porque aún sois carnales; pues habiendo entre vosotros celos, contiendas y disensiones, ¿no sois carnales, y andáis como hombres?"
>
> —1 Corintios 3:2–3

Pablo estaba diciendo que estos nuevos creyentes

todavía estaban controlados por "impulsos ordinarios", las extremidades nerviosas que vienen de su viejo corazón. Ellos adoptaron "normas humanas" porque ellos no tenían el nuevo corazón. Unos pocos versículos después, Pablo advirtió a estos "infantes espirituales" que debían estar preparados para ser probados.

> "Y si sobre este fundamento alguno edificare oro, plata, piedras preciosas, madera, heno, hojarasca, la obra de cada uno se hará manifiesta; porque el día la declarará, pues por el fuego será revelada; y la obra de cada uno cuál sea, el fuego la probará".
>
> —1 CORINTIOS 3:12–13

Nosotros necesitamos atender esas palabras de Pablo. Es necio ir por ahí "pensando" que tiene el corazón nuevo cuando desde luego no lo ha recibido todavía. Como dice el viejo proverbio, "¡No hable al hablar hasta que usted pueda caminar el camino!" El día de la prueba viene, y cuando usted pase por el fuego, cuando sea el tiempo de ser probado para ver de qué usted está hecho—el fuego va a revelar su obra. El fuego revelará si su corazón es hecho de oro, plata y piedras preciosas (el nuevo corazón) o si está compuesto de madera, heno y hojarasca (el viejo corazón). El fuego de caminar en lo que usted cree y el fuego de ser probado viene a "valorar" su carácter, para ver de qué está hecho usted.

Nosotros seremos probados en el fuego de nuestro diario vivir. El enemigo arrojará sus dardos feroces hacia nosotros. Pero el fuego no viene para dañarnos—viene para valorarnos. Es en el crisol del fuego de Dios que la evidencia de nuestro corazón nuevo empieza a brillar. Dios está diciendo, "Sólo estoy verificando. Sólo estoy verificando para ver si

Mi corazón todavía está allí. Sólo estoy verificando para ver si mi sangre todavía corre por sus venas".

El fuego de caminar en lo que usted cree y el fuego de ser probado viene para "valorar" su carácter, para ver de qué material está hecho usted.

La prueba de fuego permite brillar al nuevo corazón. Para aquellos que pasen la prueba y revelen el nuevo corazón, habrá una recompensa.

> "Si permaneciere la obra de alguno que sobreedificó, recibirá recompensa".
>
> —1 Corintios 3:14

Pero para aquellos que no revelen un corazón nuevo en su vida, Pablo dio serias advertencias:

> "Si la obra de alguno se quemare, él sufrirá pérdida, si bien el mismo será salvo, aunque así como por fuego. ¿No sabéis que sois templo de Dios, y que el Espíritu de Dios mora en vosotros?"
>
> —1 Corintios 3:15–16

Nosotros seremos probados. Esta es la manera de verificación y balance de Dios para ver qué gobierna nuestras vidas. ¿Es su mente o su corazón? Yo creo que la prueba determina qué parte suya está en control. ¿Es el patrón de pensamientos de su mente, la cual dice, "Devuelve la pelea", "Sé celoso", o "Sé envidioso", la que determina su respuesta? Si es así, usted ha reaccionado en su carne y ha sembrado para el reino carnal, el cual es su mente, alma y cuerpo.

¿O su corazón nuevo anuló los viejos patrones de pensamiento? Si su corazón nuevo controla su respuesta, usted ha salido del fuego caminando en el Espíritu. Usted está atendiendo verdaderamente las cosas del Espíritu.

Meditación y renovación

Si usted simplemente lee la Palabra, ella viajará a través de la primera, segunda y tercera área de su mente. Para que la Palabra penetre en la cuarta área, los lóbulos frontales, usted tiene que meditar en ella—mantenerla allí consistentemente hasta que penetre en la atmósfera de la decisión. Entonces, a medida que usted estudie la Palabra, ella descenderá hasta las extremidades nerviosas para relajar las funciones de su cuerpo y alinearlo con la voluntad de Dios.

A medida que usted continúe poniendo la Palabra dentro de usted, penetrará en el nivel subconsciente y comenzará a sanar sus recuerdos emocionales. Entonces será capaz de dejar de comparar experiencias familiares emocionalmente negativas. Así como la Palabra penetre las profundidades de su mente, comparará y reemplazará esos viejos recuerdos de acuerdo a la Palabra de Dios. Usted ganará una nueva perspectiva—una que lo asombrará. En lugar de estar siendo atormentado por su vieja mente, usted será capaz de decir, "No, yo quiero la Palabra".

Usted tiene que continuar meditando la Palabra día y noche, "Y en su ley meditaré de día y de noche", (Sal 1:2). Digerir la Palabra una y otra vez hasta que llegue a la corteza cerebral donde usted piensa, planea, reflexiona y es inspirado a la vez que Dios toma su visión para el futuro hacia un nivel nuevo e increíble. ¡Luego su imaginación se hace cargo, y usted comienza a verse a sí mismo exitoso y próspero—hasta que se haya convertido en vencedor! A medida que usted medite en la Palabra consistentemente, ella irá a los lóbulos frontales, donde el poder de su decisión declarará, "¡Mi casa y yo vamos a vivir para Dios!"

David conocía el poder de meditar en la Palabra de Dios. Él dijo:

> "En mi corazón he guardado tus dichos, para no pecar contra ti".
>
> —Salmo 119:11

En Romanos 12:2, Pablo añadió, "No os conforméis a este siglo, sino transformaos por medio de la renovación de vuestro entendimiento, para que comprobéis cuál sea la buena voluntad de Dios, agradable y perfecta". La "total renovación de su mente" le conducirá a la transformación en las cuatro áreas de su cerebro.

Yo creo que cuando usted recibe un corazón nuevo, su poder rompe las cadenas de cosas que lo ataron como pecador (cosas que usted detestó y denunció). Sin embargo todavía hay cosas que usted ama y no quiere soltar. Entonces es el poder de su decisión entregar aquellas cosas al Señor, lo cual está hecho durante el proceso de renovación de su mente. Este es el primer nivel—confrontar los viejos hábitos (aquellas cosas que usted ama) precisamente como Dios me confrontó en Chicago.

Tome el acto de fumar cigarrillos como ejemplo. Aunque su corazón ha sido convertido, su mente todavía quiere un cigarrillo. Ella quiere ese viejo hábito. Por lo tanto, tiene que ir por las cuatro etapas de liberación por medio de la Palabra.

Liberación paso a paso

Cuando investigamos cada paso vemos lo siguiente: La médula, quien contiene los centros nerviosos que regulan la respiración, la velocidad del corazón, y otras funciones del cuerpo, comienza a recibir cuidado al momento de la conversión. Comienza a regular y equilibrar. La segunda etapa envuelve a la amígdala (depósito de recuerdos emocionales), comparando la nueva información con lo que sus emociones ya han experimentado. Es donde la información del corazón nuevo dice, "Yo no quiero fumar. Quiero a Dios. Vivo para Dios…". Tiene que haber una prueba decisiva entre el corazón nuevo y la mente vieja, la cual está donde empieza su batalla interna.

Cuando usted comienza a leer la Palabra de Dios, las ondas de presión de su nuevo corazón se hacen tan poderosas que su corazón rechaza lo que está almacenado en su mente (en la amígdala). La guerra que vuelve a su mente es tan poderosa que causa que usted entre en la Palabra para ver lo que la Biblia dice acerca de eso. Cuando esa Palabra se pone en contacto con sus recuerdos emocionales, comienza a cancelar ese "recuerdo de fumar" y lo reemplaza con un nuevo y santificado patrón de pensamiento de su nuevo corazón.

Cuando usted recibe un nuevo corazón, su poder rompe las cadenas de las cosas que lo ataron como un pecador.

Ahora su corazón está rehusando darse por vencido, porque no puede ser derrotado. Después de todo, es el corazón de Dios. Así que presiona al tercer reino, la corteza cerebral, donde piensa, crea estrategias, razona, planea y se inspira, y causa que el cerebro imagine lo que es no fumar. Lo hace planear, crear estrategias y estar inspirado a vivir para Dios. ¿Cómo lo hace?

¡El corazón usa la Palabra para inspirar su mente! Éste analiza la Palabra con el fin de trazar una estrategia para que su mente se mantenga en Dios. Eso alcanza el lóbulo frontal, el cual está envuelto en hacer decisiones. Usted decide, "No voy a hacer esto nunca más", y dice, "¡Mi respuesta a este cigarrillo es no!" Los lóbulos entonces envían ondas de vuelta a la amígdala para reflejar la respuesta emocional apropiada.

Su corazón nuevo ejerce presión en el cerebro viejo para recibir y digerir la Palabra. Va a través de las cuatro etapas. Al tiempo que la Palabra alcanza el centro de decisiones, éste ha rechazado los recuerdos e inspiró la mente. Después de seguir la decisión, el cuerpo comienza a alinearse en sinergía con los ritmos del corazón nuevo que ha pasado por el lóbulo frontal de vuelta a la amígdala. Este proceso completo es transmitido de vuelta a su ser físico por medio de la médula a la vez que ésta penetra en el nivel subconsciente.

Cuando usted comienza a leer la Palabra de Dios, las ondas de presión de su corazón nuevo se hacen tan poderosas que su corazón rechaza lo que está almacenado en su mente.

Nosotros relacionamos esto a la iglesia. Su cuerpo asiste a los servicios porque su corazón nuevo está dominando la mente. Éste se ha divorciado de la mente y se conectó con el corazón para decir, "Yo voy a la iglesia". El problema es que aunque muchas personas han permitido a sus corazones nuevos ejercer el control necesario para llevar sus cuerpos a la iglesia, sus mentes todavía están sentadas en los bancos desinteresadamente. ¡El propósito de ir a la iglesia debería ser recibir la Palabra de Dios dentro de las cuatro áreas de la mente, permitiendo a la mente alcanzar el punto de decisión!

¿Qué etapa de la renovación de la mente describe dónde se encuentra usted hoy? ¿Está su mente siendo renovada?

¿Está trabajando en su salvación con temor y temblor delante de Dios?

¿Ha abrazado usted su nuevo corazón?

Capítulo 10

Rechazo del nuevo corazón

El corazón nuevo viene con muchos atributos piadosos, incluyendo una fuerte convicción de lo que cree. Dios "cree, se acepta y recibe" a Sí mismo. Él tiene la seguridad de que Su Palabra es verdadera. Él sabe que cumplirá Su divino propósito. "Así será mi palabra que sale de mi boca; no volverá a mí vacía, sino que hará lo que yo quiero, y será prosperada en aquello para que la envié", (Is 55:11). Caemos en error cuando pensamos de nosotros mismos "más elevadamente" de lo que deberíamos y entonces fallamos en confiar y obedecer a Dios. Isaías 55:7–9 dice:

> "Deje el impío su camino, y el hombre inicuo sus pensamientos, y vuélvase a Jehová, el cual tendrá de él misericordia, y al Dios nuestro, el cual será amplio en perdonar. Porque mis pensamientos no son vuestros pensamientos, ni vuestros caminos mis caminos, dijo Jehová. Como son más altos los cielos que la tierra, así son mis caminos más altos que vuestros caminos, y mis pensamientos más que vuestros pensamientos".

Muchos en la iglesia no tienen la mente de Cristo, por lo que viven en un permanente estado de pecado, diciendo, "Yo no me siento convencido acerca de esto. No creo que aquello sea malo". Sus conciencias se oscurecieron, y habitualmente hacen cosas que desagradan a Dios. Ellos no aman a Dios ni le temen en obediencia. Si esto lo describe a usted, lo siento. Usted no tiene el corazón nuevo.

Cuando usted tiene el corazón nuevo—el corazón de Dios—y usted hace cualquier cosa que es contraria a Su Palabra, éste automáticamente envía una onda de convicción. Y porque usted ama y teme a Dios y cree en Su nombre, se arrepentirá.

> "El que en él cree, no es condenado; pero el que no cree, ya ha sido condenado, porque no ha creído en el nombre del unigénito Hijo de Dios. Y esta es la condenación: que la luz vino al mundo, y los hombres amaron más las tinieblas que la luz, porque sus obras eran malas. Porque todo aquel que hace lo malo, aborrece la luz y no viene a la luz, para que sus obras no sean reprendidas".
>
> —San Juan 3:18–20

De una manera u otra, hay una penalidad por el pecado. Si usted habitualmente hace cosas que son impías y no siente convicción, sólo dice, "Dios entiende", el corazón viejo le ha engañado. Usted está yendo a una sentencia de muerte. Recuerde:

> "Engañoso es el corazón más que todas las cosas, y perverso; ¿quién lo conocerá? Yo Jehová, que escudriño la mente, que pruebo el corazón, para dar a cada uno según su camino, según el fruto de sus obras".
>
> —Jeremías 17:9–10

Si usted puede continuar en un patrón de pecado, usted no ha recibido el corazón nuevo. El corazón nuevo le cambia completamente, aunque usted no pueda explicarlo. Usted no puede “acuñar” la experiencia del nuevo nacimiento más de lo que una persona puede explicar lo ocurrido exactamente cuando se ha sometido al transplante de corazón. Jesús dijo:

> “El viento sopla de donde quiere, y oyes su sonido; mas ni sabes de dónde viene, ni a dónde va; así es todo aquel que es nacido del Espíritu”.
>
> —San Juan 3:8

La pequeña niña en el capítulo siete no pudo explicar por qué continuó viendo un asesinato después que recibió un transplante de corazón. El hombre mayor no pudo explicar por qué continuó soñando acerca de la joven mujer que cayó de las escaleras.

El nuevo corazón es un milagro. Yo no puedo explicar cómo dejé de hacer ciertas cosas o cómo exactamente obtuve la victoria en algunas áreas. No puedo explicar por qué soy una “criatura nueva,” pero el Espíritu Santo me ha guiado en cada paso del camino. Dios puso un corazón nuevo en mí, y nunca he sido la misma.

Su corazón siempre le dirá quién es su padre y de donde vienen sus motivaciones.

El corazón nuevo de Dios viene con la divina pasión por las cosas del Espíritu. El corazón nuevo anhela lo que Dios anhela, ama lo que Dios ama y odia lo que Dios odia. Entonces, ¿cómo podemos decir que hemos recibido un corazón nuevo, y sin embargo no amamos lo que Dios ama, no odiamos lo que Dios odia o no anhelamos la justicia como Él lo hace?

Si usted no ama a Dios o no le teme en obediencia, usted no tiene el corazón nuevo.

Cuando recibimos el corazón de Dios, debería nacer en nosotros una pasión por la santidad, adoración y todo lo que le agrada a Él. Éste debería rechazar automáticamente todo lo que no suena, mira, gusta o sienta como Dios. Si no hace eso, algo está mal.

La Palabra dice, "...para que nosotros fuésemos hechos justicia de Dios en él", (2 Co 5:21). A menos que entrenemos nuestras mentes (y, como resultado, nuestra carne) para alinearla con lo que nosotros nos hemos convertido, caeremos en el engaño.

En el jardín de Getsemaní, Jesús dijo esto: "Padre mío, si es posible, pase de mí esta copa; pero no sea como yo quiero, sino como tú", (Mt 26:39). En ese momento, la mente de Jesús estaba peleando la guerra por lo que su cuerpo físico pronto podría soportar, y así sería capaz de consumar la misión de Su corazón nuevo.

Si Jesús hubiera desobedecido al Padre y rechazado Su corazón nuevo, el plan eternal de Dios no se habría consumado—Y Su corazón nuevo hubiera muerto (precisamente como es cortada la señal de un corazón natural por las constantes denegaciones del cerebro). Así es como una persona cae en un estado de deslizamiento. El corazón nuevo dice, "No hagas esto". Pero la mente lo rehusa una y otra vez, diciendo, "Yo voy a hacer lo que quiero".

El peligro del pecado habitual

Cuando usted rechaza la Palabra y no la pone en su corazón y en su mente, la vieja naturaleza asume control—y usted cierra el poder y la actividad de su corazón nuevo. Dios no se quedará en ese templo.

Usted habrá forzado al Espíritu Santo a salir, y no porque haya hecho "algo pequeño" mal. Él se habrá ido porque usted ha rehusado depositar la Palabra de Dios en su mente, permitiéndole progresar mediante las cuatro etapas de la liberación. Usted ha rehusado meditar en la Palabra. Por lo tanto, sus "recuerdos emocionales" y la obstinación de su vieja mente pueden hacer que su corazón haga algo que ofende a Dios.

Cualquiera puede cometer errores. Caer en tentación y pecado no significa que usted no es salvo. Pero cuando un comportamiento impío se hace habitual al punto que ya no siente la convicción del corazón, el corazón nuevo ha sido rechazado. Porque usted ha ignorado la corrección del corazón nuevo—aniquilando deliberadamente su mensaje, el cual dice que usted ya no desea a Dios—usted ha rechazado su corazón nuevo. Al rehusar constantemente la dirección del corazón nuevo, usted está enviando una señal de vuelta diciendo, "Yo no te quiero aquí". Y el Espíritu del Señor nunca se quedará en un lugar donde Él no es querido.

¿Sorprendido en pecado, o una mente reprobada?

Si usted permite que su carne (mente) lo guíe al pecado, y luego se arrepiente, Dios es justo y está dispuesto a perdonarlo. ¿Por qué? Usted ha sido sorprendido en pecado. ¿Sorprendido por qué? Ha sido sorprendido por los recuerdos de su cerebro. El hombre mira lo exterior, pero Dios ve su corazón. "...Porque Jehová no mira lo que mira el hombre;

pues el hombre mira lo que está delante de sus ojos, pero Jehová mira el corazón", (1 S 16:7). Él sabe que el acto del pecado no vino de su corazón. Éste afloró de sus recuerdos emocionales. Por esta razón es crucial que renueve su mente.

En todas sus victorias a través de la ayuda recibida del Señor, el rey Uzías se había convertido en un poderoso gobernante. La Escritura dice, "Y persistió en buscar a Dios en los días de Zacarías, entendido en visiones de Dios; y en estos días en que buscó a Jehová, él le prosperó", (2 Cr 26:5). Como rey, Uzías "hizo lo recto a los ojos del Señor", hasta que comenzó a pensar "muy alto" de sí mismo, usurpando de ese modo la autoridad establecida de Dios en el sacerdocio.

Uzías se había hecho rico, fuerte y famoso. Obviamente, comenzó a creer que nada era imposible para él—aún si pervertía los caminos de Dios. Aquí es donde su corazón lo engañó. Como rey, él debió haber reconocido el Torá como la autoridad final de Dios. Como un "hijo", él debió haberse humillado debajo de la mano poderosa de Dios—pero su corazón se había llenado de orgullo. Uzías forzó su entrada al templo para ofrecer incienso a pesar de las fuertes objeciones de los sacerdotes y Dios lo castigó con lepra. "...la lepra le brotó en la frente, delante de los sacerdotes en la casa de Jehová, junto al altar del incienso", (ver 2 Cr. 26:16–19). Uzías fue engañado por poderosos recuerdos emocionales, los cuales lo guiaron a su más grande—y final—derrota.

Cuando Dios hace volver a alguien a una mente "reprobada", frecuentemente es alguien que ha declarado tener un corazón nuevo. Aunque esa persona recibe mensajes convincentes de parte de Dios, los ignora...continuamente. Sus acciones se convierten en una burla frente a Dios. Dios no tiene otra opción que volver a esa persona a una mente reprobada.

> "Y como ellos no aprobaron tener en cuenta a Dios, Dios los entregó a una mente reprobada, para hacer cosas que no convienen".
>
> —ROMANOS 1:28

Saúl fue coronado primer rey de Israel. Muy alto y atractivo, probablemente estaba acostumbrado a ser el centro de atención—y él lo fue, hasta que pecó contra Dios. Un joven pastor de ovejas se convirtió en su más influyente protegido. David sirvió a Saúl con todo su corazón y recibió gran favor delante de los ojos del Señor. Sin embargo, como Saúl era un "hombre de la gente", él se volvió más y más celoso de David—al punto que implacablemente lo persiguió como a un animal salvaje.

Dios ya había despojado a Saúl de su autoridad real, pero en lugar de arrepentirse, Saúl usó cada pizca de su poder para salvar su imagen delante de la gente una y otra vez. Sus acciones y su condición empeoraban. ¡Él mintió, asesinó y manipuló—todo mientras le daba "forma" de majestad y lealtad! Dios lo volvió a sus pensamientos perversos, y el hombre que había comenzado su reinado profetizado por los profetas llegó a su fin buscando psíquicos y muriendo en las manos de sus enemigos. (Ver 1 S 9–31).

Uzías fue engañado por poderosos recuerdos emocionales, los cuales lo guiaron a su más grande—y final—derrota.

Este es el peligro que enfrenta la iglesia hoy. Muchas personas todavía están diciendo, "Yo soy salvo", a la vez que voluntaria y continuamente hacen cosas que desagradan a Dios. Esto ofende a Dios a tal punto que Él los hace volver a sus perversas y degeneradas mentes. Esta clase de mente es "mentirosa, perversa, corrupta, y severa, mortalmente enferma".

Para esas personas sería mejor decir, "Yo fui salva, pero ahora estoy en un estado de deslizamiento. Necesito oración. Mis memorias me hacen recordar lo que sentí al estar en una situación de adulten o de adulterio, y no puedo decir no a mis ondas cerebrales. El recuerdo es muy fuerte. No puedo derrotarlo". Hay gracia y misericordia para esos individuos. Pero cuando usted tiene un corazón nuevo (que constantemente envía ondas de convicción), y usted constantemente rechaza la convicción que declara que es justo y santo, el Espíritu del Señor se irá...así como dejó a Saúl.

> "Porque si alguno es oidor de la palabra pero no hacedor de ella, éste es semejante al hombre que considera en un espejo su rostro natural. Porque él se considera a sí mismo, y se va, y luego olvida cómo era".
>
> —Santiago 1:23–24

Ellos están cometiendo suicidio espiritual al "dejar morir" voluntariamente el "aliento de vida" que Dios ha puesto soberanamente en sus corazones. Ellos conocen la verdad pero una y otra vez la rechazan. Luego se marchan y pretenden que todo está bien. Esto deja a Dios sin alternativa.

El nuevo corazón maligno

Como lo hemos aprendido en el capítulo seis, cuando nosotros tenemos el nuevo corazón y estamos estudiando la Palabra consistentemente, tenemos la capacidad de "suprimir" patrones de pensamiento impíos. Si nosotros rehusamos aceptar las direcciones de la Palabra de Dios y actuamos tras el pensamiento maligno, Dios no tiene otra alternativa que irse. Él no puede morar en el mismo lugar que el pecado.

Esto le pone a usted en un inminente peligro. Cuando se desliza hacia atrás, su estado posterior será peor que su estado original antes de recibir el corazón nuevo. Por lo tanto, comenzará a experimentar las profundidades del reino del mal, el cual es peor de lo que usted jamás ha soñado. Escúcheme. Si usted ha seguido el mandato de Joel 2:12–13 de rasgar su viejo corazón, y Dios le ha dado un corazón nuevo de acuerdo a Ezequiel 11:19–20, y sin embargo usted rechaza ese nuevo corazón, no simplemente retrocederá al viejo corazón que tenía antes.

Usted recibirá otro corazón de parte de Satanás, uno que está preparado para recibir siete veces la cantidad de maldad que usted una vez contuvo en su viejo corazón. Este "maligno" corazón tampoco se conectará con sus extremidades nerviosas, ¡por lo que usted puede acabar convirtiéndose en un asesino! Como la batalla maligna comienza, su vieja mente tal vez diga, "Nunca he asesinado a nadie antes". Pero el corazón maligno que usted recibió de parte de Satanás también ha venido programado con una misión para el mal—y usted acabará haciendo cosas perversas y malignas que nunca soñó que usted haría.

Cuando usted derrame lágrimas y rasgue su viejo

corazón, la Biblia dice que Dios echa el pecado en las profundidades del océano (Mi. 7:19). Él lo remueve de usted tan lejos como está el este del oeste, entonces no puede volver a tomar el viejo corazón (Sal 103:12). Cuando usted se desliza hacia atrás, deja a Dios y dice, "Yo no quiero escuchar la Palabra de Dios. Yo no quiero transformar mi mente para que pueda alinearse con mi corazón nuevo", ¡luego usted no recibe su viejo corazón de vuelta! Éste fue echado en la oscuridad exterior. ¡Se fue!

Cuando usted rechaza a Dios, Satanás le trae un corazón maligno, y usted tampoco sabe lo que hay en ese corazón. Éste es aún más engañoso, porque "aparenta" estar en perfecto orden—hasta que comienza su transformación maligna.

> "Cuando el hombre fuerte armado guarda su palacio, en paz está lo que posee. Pero cuando viene otro más fuerte que él y le vence, le quita todas sus armas en que confiaba, y reparte el botín. El que no es conmigo, contra mí es; y el que conmigo no recoge, desparrama. Cuando el espíritu inmundo sale del hombre, anda por lugares secos, buscando reposo; y no hayándolo, dice: Volveré a mi casa de donde salí. Y cuando llega, la halla barrida y adornada. Entonces va, y toma otros siete espíritus peores que él; y entrados, moran allí; y el postrer estado de aquel hombre viene a ser peor que el primero".
>
> —Lucas 11:21–26

De la misma manera que ocurre en su primer trasplante de corazón, su corazón maligno no estará conectado a su mente. Tampoco le obedecerá.

Cuando usted "hace pedazos su corazón" y se lo da a Dios, ¿piensa que Él lo pone en una cuenta de banco y lo conserva? ¿Piensa que Él lo pone en un depósito frío, diciendo, "Lo guardaré por si acaso más adelante tú no Me quieres?" ¡No! Él lo destruye, así como destruye todo lo que parece muerto. El destino de ese viejo corazón es destrucción y muerte, y desde que Él vino a darnos vida abundante y eternal, Él destruye todo lo que se asemeje a la muerte. Dios no salva la "muerte".

En este asunto debemos "atender" (escuchar con inteligencia) la Palabra del Señor. ¡Dios está enviando esta Palabra porque nosotros no reconocemos cuán poderoso es el deslizamiento! La razón por la que somos librados del viejo corazón (el que está "hospedado" en nuestra vida hasta que somos salvos) es que es demasiado peligroso contenerlo (porque, "¿Quién puede conocerlo?"). Si usted no puede conocer ese corazón, ¿cómo conocerá el que trae Satanás—uno siete veces peor que el primero?

Esto debería hacer que usted persista en Dios, aún si tiene que pelear con uñas y dientes.

Espiritualmente, la única diferencia es esta: Satanás ya tiene donantes colocados en fila.
Él está listo.

Cuando un cirujano saca un corazón viejo y dañado, no trata de restaurarlo. Él lo descarta. (Dios está tratando de decirnos algo. ¡Él está tratando de mostrarnos a través de la ciencia médica, nuevamente, cuál es Su proceso!) Si su cuerpo rechaza su corazón nuevo, los doctores nunca volverían a buscar su viejo corazón. ¡Ellos no podrían—ese corazón ya no está! Ellos volverían a poner su nombre en la lista para recibir un segundo corazón nuevo, y usted tendría que esperar otro donante. Espiritualmente, la única diferencia es ésta: Satanás ya tiene donantes colocados en fila. *Él está listo.*

Una enfermedad mortal

Usted ha recibido un corazón nuevo (y sangre nueva). Si luego usted "apaga el Espíritu", rechazando a Dios, tal vez tiene inyectado veneno dentro de sus venas. Esto podría ser comparado con contraer SIDA, el cual comienza a matar su sistema inmunológico. Este virus viaja a las partes más débiles de su cuerpo y comienza atacando esas áreas. Cuando ese veneno empieza a afectar su sangre (porque usted ha rechazado la Palabra de Dios), comenzará a experimentar una completa manifestación del SIDA. Y este virus lo matará.

El SIDA, usualmente comienza infectando los pulmones, donde el "aliento de vida" mantiene el oxígeno fluyendo a través del cuerpo de la persona. Cuando la persona no puede respirar, sus pulmones se llenan de fluído, se desarrolla una neumonía y su condición se hace crítica. En esta etapa (en la atmósfera espiritual), la persona empieza a "bajar de peso" y lentamente a perder poder—su fuerza. El enemigo está destruyendo su "aliento de vida".

Un ataque fatal

Una vez, mi pastor estaba comiendo cosas que no eran saludables para su cuerpo. Las arterias que conducían a su corazón se obstruyeron por causa de las cosas que comía (lo que su *mente* le decía que podía comer). Este no fue un deseo de su corazón. Su mente dijo, "Yo quiero tocino". ¿Falló completamente su corazón? No. Él tuvo un ataque cardíaco, no habiá nada malo en su corazón. Sin embargo, había algo malo con la arteria que conducía al corazón.

Cuando las personas caen en la tentación, no significa que sus corazones están desordenados. Ellos han tenido ataque cardíaco espiritual. La arteria puede ser destapada mediante una cirugía espiritual de acuerdo a la Palabra de Dios. La válvula puede ser restaurada para que la sangre pueda continuar fluyendo al corazón. Sólo la sangre puede lavarle, limpiarle y mantener ese corazón nuevo purificado. Esa misma sangre fluye al corazón y va de vuelta al cerebro con oxígeno para que el cerebro sea capaz de pensar claramente otra vez.

Cuando un doctor le dice a su paciente lo que debe hacer con el fin de permanecer saludable, y él rehusa obedecer sus órdenes, comiendo todo lo que le apetezca, finalmente esto afectará su corazón. Si tiene otro ataque cardíaco, puede quedar paralizado y posiblemente pierda la habilidad de pensar claramente, moverse o hablar. Su cuerpo y su rostro pueden quedar paralizados. En el lado espiritual, significa que no se asemejaría a Cristo.

La misma sangre fluye al corazón y va de vuelta al cerebro con oxígeno para que el cerebro sea capaz de pensar claramente otra vez.

Algunas personas queden paralizadas para toda la vida debido un ataque cardíaco. En la atmósfera espiritual, ¡esa es la razón por la que algunas personas están sentadas en la iglesia incapaces de levantar sus manos! Ellas no pueden danzar, cantar o adorar porque han sufrido un ataque. El corazón todavía está intacto, pero el ataque indica que cosas no saludables han sido puestas dentro de sus cuerpos. En consecuencia el corazón nuevo rechaza esa sangre contaminada. Si sus arterias permanecen tapadas y ellas no cambian, un ataque cardíaco espiritual puede matarlas.

El tiempo para cambios ha llegado

Dios está diciendo, fuerte y claro, que si nosotros intentamos vivir por toda la eternidad—si intentamos vivir para Él en este mundo—necesitamos cambiar. Si no lo hacemos, tendremos fallas de corazón masivas y moriremos una muerte espiritual. Este es definitivamente un asunto del corazón. Proverbios 4:23 dice, "Sobre toda cosa guardada, guarda tu corazón; porque de él mana la vida".

Nosotros debemos ser vigilantes, constantemente examinando nuestro propio corazón. De otro modo, continuaremos siendo "grandes hipócritas". Un día el Señor tal vez nos diga, "Apártense de Mí...Yo nunca los he conocido", (Mt 25:41; 7:23).

La Palabra del Señor nos habla desde Apocalipsis 2:5:

> "Recuerda, por tanto, de dónde has caído, y arrepiéntete, y haz las primeras obras; pues sino, vendré pronto a ti, y quitaré tu candelero de su lugar, si no te hubieres arrepentido".

A medida que cierro este capítulo, atienda estas advertencias para cuidar su corazón nuevo diligentemente. Siga estos consejos de 2 Corintios 13:5–11:

> "Examinaos a vosotros mismos si estáis en la fe; probaos a vosotros mismos. ¿O no os conocéis a vosotros mismos, que Jesucristo está en vosotros, a menos que estéis reprobados? Mas espero que conoceréis que nosotros no estamos reprobados. Y oramos a Dios que ninguna cosa mala hagáis; no para que nosotros aparezcamos aprobados, sino para que vosotros hagáis lo bueno, aunque nosotros seamos como reprobados. Porque nada podemos contra la verdad, sino por la verdad. Por lo cual nos gozamos de que seamos nosotros débiles, y que vosotros estéis fuertes; y aún oramos por vuestra perfección. Por esto os escribo estando ausente, para no usar de severidad cuando esté presente, conforme a la autoridad que el Señor me ha dado para edificación, y no para destrucción. Por lo demás, hermanos, tened gozo, perfeccionaos, consolaos, sed de un mismo sentir, y vivid en paz; y el Dios de paz y de amor estará con vosotros".

Dios estará con nosotros si confiamos y obedecemos a nuestro corazón nuevo. Sobre cualquier cosa, debemos saber que lo tenemos.

Capítulo 11

Las llaves de la oración

Nosotros conocemos el problema, hemos leído la Palabra profética, y hemos examinado las profundidades del corazón y la mente. Ahora es tiempo de poner en práctica lo que sabemos. Es tiempo de tomar las llaves de la Palabra de Dios y, desde las profundas habitaciones de nuestro corazón, libertar nuestras mentes—y finalmente el mundo—de la esclavitud del enemigo. Recuerde lo que dijo Jesús en Mateo 16:19:

> "Y a ti te daré las llaves del reino de los cielos; y todo lo que atares en la tierra será atado en los cielos; y todo lo que desatares en la tierra será desatado en los cielos".

Nosotros estamos "atando" lo que Dios ya "ató" en Su Palabra y "desatando" lo que Él ya ha desatado. Nosotros no estamos supuestos a atar y desatar lo que deseamos o cualquier cosa que primero no haya sido revelada por Dios a nosotros. Si hemos recibido el corazón nuevo, ambos, el corazón y la mente deberían estar totalmente sometidos a la Palabra de Dios y Sus caminos. Así es como comenzamos a experimentar y caminar en el "consejo" de Dios.

> "Bienaventurado el varón que no anduvo en consejos de malos, ni estuvo en camino de pecadores, ni en silla de escarnecedores se ha sentado; sino que en la ley de Jehová está su delicia, y en su ley medita de día y de noche. Será como árbol plantado junto a corrientes de aguas, que da su fruto en su tiempo, y su hoja no cae; y todo lo que hace prosperará".
>
> —Salmo 1:1–3

Dios está diciendo que tenemos que romper viejos hábitos carnales y formar un nuevo hábito meditando en Su Palabra...día y noche. Déjeme bajar esto a la tierra. Toma cerca de veintiún días establecer un nuevo hábito en su mente. ¿Por qué no se desafía a sí mismo—en los próximos veintiún días—a estudiar y reflexionar la Palabra de Dios día y noche? Usted obtendrá resultados...y su batalla será ganada. Cuando Daniel buscó a Dios por un mensaje, el ángel apareció y le dijo:

> "Entonces me dijo: Daniel, no temas; porque desde el primer día que dispusiste tu corazón a entender y a humillarte en la presencia de tu Dios, fueron oídas tus palabras; y a causa de tus palabras yo he venido. Mas el príncipe del reino de Persia se me opuso durante veintiún días; pero he aquí Miguel, uno de los principales príncipes, vino para ayudarme, y quedé allí con los reyes de Persia. He venido para hacerte saber lo que ha de venir a tu pueblo en los postreros días; porque la visión es para esos días".
>
> —Daniel 10:12–14

¡Esto no pudo ser una coincidencia! Si usted quiere cambiar, tiene que "sembrar para el Espíritu", consistente y persistentemente, para completar la transformación de acuerdo a la Palabra de Dios. Eso es cuando viene el entendimiento. Es lo que Dios persigue. Esto es lo que Dios quiere "abrir" en su corazón nuevo con el fin de renovar su mente.

En Hebreos 4:12 descubrimos que el entendimiento de la Palabra de Dios es liberado a través de nuestro corazón, el cual penetra las ondas cerebrales y fluye a través de nuestras emociones para transformar nuestros pensamientos, planes e imaginación. Nosotros leemos:

> "Porque la Palabra de Dios es viva y eficaz, y más cortante que toda espada de dos filos; y penetra hasta partir el alma y el espíritu, las coyunturas y los tuétanos, y discierne los pensamientos y las intenciones del corazón".

Basado en este versículo, usted decide obedecer la Palabra, y sus ondas cerebrales fluyen de vuelta a través de sus emociones a su cuerpo y dentro de las profundidades de su mente subconsciente. La transformación es completa: alma, espíritu, articulaciones y médula.

A medida que usted busca a Dios en oración, el Espíritu Santo comenzará a guiarlo dentro del consejo de la Palabra de Dios. Cuando usted oye la voz de Dios en oración, Él le hablará a través de Su Palabra (usando Su Palabra) o hablándole en armonía con lo que Él ya ha revelado. Cuanto más busque a Dios, más profundo será Su consejo, y revelará más de Sus "secretos". Usted ganará más y más entendimiento. Santiago 1:5–8 dice:

> "Y si alguno de vosotros tiene falta de sabiduría, pídala a Dios, el cual da a todos abundantemente y sin reproche, y le será dada. Pero pida con fe, no dudando nada; porque el que duda es semejante a la onda del mar, que es arrastrada por el viento, y echada de una parte a otra. No piense, pues, quien tal haga, que recibirá cosa alguna del Señor. El hombre de doble ánimo es inconstante en todos sus caminos".

El ser de doble ánimo es un estado de conflicto entre el "cerebro del corazón" y el cerebro en su cabeza. ¡Es una esquizofrenia espiritual! Es una prueba de que su corazón nuevo todavía está peleando por la victoria. Entonces ¿cómo identifica usted la sabiduría que viene de Dios?

> "Pero la sabiduría que es de lo alto es primeramente pura, despues pacífica, amable, benigna, llena de misericordia y de buenos frutos, sin incertidumbre ni hipocresía".
>
> —Santiago 3:17

Cuando usted responde a su corazón nuevo, obedeciendo su "comunicación inteligente" para que la Palabra penetre en su mente y lleve su cuerpo en sujeción a la Palabra de Dios, usted ha ganado la victoria.

> "¿Quién es el hombre que teme a Jehová? Él le enseñará el camino que ha de escoger. Gozará él de bienestar, y su descendencia heredará la tierra. La comunión íntima de Jehová es con los que le temen, y a ellos hará conocer su pacto".
>
> —Salmos 25:12–14

Una vez que haya ganado la victoria del corazón nuevo, usted puede recibir y responder a la inmaculada sabiduría de su Padre. Él puede confiarle Sus secretos.

Si usted está viviendo en pecado, lo único que probablemente Dios le dirá es que se arrepienta. Una vez que se ha arrepentido de su pecado habitual, entonces puede recibir el significado "íntimo y profundo" de Su consejo celestial.

Algunas veces usted recibirá sabiduría en oración que se opone a todo lo que usted ve y siente, pero le cubre como una tibia manta. Esta es la sabiduría de Dios. A medida que usted profundize su relación con Dios, Él comenzará a guiarlo en todo lo que haga. Él le dará "asignaciones" de intercesión y le dirá cómo orar de acuerdo a Su Palabra. Otras veces, Él le guiará a tenderse silenciosamente ante el altar o danzar y cantar delante de Él. Lo más importante es hacer lo que Él le guía a hacer y recordar lo que Él ya ha dicho.

> "Y Jehová me respondió, y dijo: Escribe la visión, declárala en tablas, para que corra el que leyere en ella. Aunque la visión tardará aún por un tiempo, mas se apresura a su fin, y no mentirá; aunque tardare, espéralo, porque sin duda vendrá, no tardará".
>
> —Habacuc 2:2–3

Una vez que usted se ha arrepentido de su pecado habitual, entonces puede recibir el significado "íntimo y profundo" de Su consejo celestial.

Si usted no tiene uno, es tiempo de comenzar a mantener un devocional diario. Asegúrese de escribir el día, la fecha y la hora (y algunas veces también el lugar) cuando Dios le habla. Escriba las escrituras que Él le revela. Algunas veces Él le dará un versículo que describe el problema. Cuando suceda esto, pídale que le revele cómo puede interceder por Su solución. Él le mostrará. Su voluntad es siempre que el poder del pecado se rompa para que Su pueblo pueda ser liberado de la esclavitud.

> "Buscad a Jehová mientras puede ser hallado, llamadle en tanto que está cercano. Deje el impío su camino, y el hombre inicuo sus pensamientos, y vuélvase a Jehová, el cual tendrá de él misericordia, y al Dios nuestro, el cual será amplio en perdonar. Porque con alegría saldréis, y con paz seréis vueltos; los montes y los collados levantarán canción delante de vosotros, y todos los árboles del campo darán palmadas de aplauso. En lugar de zalza crecerá ciprés, y en lugar de la ortiga crecerá arrayán; y será a Jehová por nombre, por señal eterna que nunca será raída".
>
> —Isaías 55:6–7, 12–13

Dios quiere "sanar nuestra tierra", (2 Cr. 7:14). Él anhela librarnos del problema que ha emergido de nuestros viejos y engañosos corazones (Jer 17:9). Sí, nosotros hemos sido engañados a tal punto que hemos caído dentro de un patrón de pecado que amenaza paralizar la iglesia si no nos volvemos a Dios y nos arrepentimos sinceramente.

Nosotros debemos recibir el corazón nuevo y buscar a Dios mientras puede ser hallado. Debemos renunciar a nuestros propios pensamientos y ponerlos en la mente humilde de Cristo. "Haya, pues, en vosotros ese sentir que hubo también en Cristo Jesús, el cual, siendo en forma de Dios, no escatimó el ser igual a Dios como cosa a que aferrarse, sino que se despojó a sí mismo, tomando forma de siervo, hecho semejante a los hombres; y estando en la condición de hombre, se humilló a sí mismo, haciéndose obediente hasta la muerte, y muerte de cruz", (Filipenses 2:5–8). Entonces, y solamente entonces, Dios dará verdadera "prosperidad". Y ésta no solo nos sanará sino sanará nuestra tierra.

Principios de oración e intercesión

Antes de que usted pueda comenzar a orar efectivamente, necesita entender qué es exactamente la oración, por lo que déjenos comenzar con alabanza y petición. ¡Sí, yo comencé con alabanza, y sí, trabaja junto con la petición! Usted entra en la presencia de Dios a través de la alabanza, porque agradeciendo a Dios prueba su fe en Él para cumplir Su Palabra. Después de todo, si usted no cree que Dios contesta las oraciones, tal vez ni siquiera le pida—porque Él no contesta peticiones de "doble ánimo". Filipenses 4:6–7 dice:

> "Por nada estéis afanosos, sino sean conocidas vuestras peticiones delante de Dios en toda oración y ruego, con acción de gracias. Y la paz de Dios que sobrepasa todo entendimiento, guardará vuestros corazones y vuestros pensamientos en Cristo Jesús".

También hay una intensa oración de consagración en la que usted insiste en Dios con la necesidad de conocer o hacer Su voluntad. (Ver Mateo 26:39). Otra clase de oración es la oración de fe, o una petición urgente para que Dios intervenga en una situación que usualmente requiere una contestación inmediata. (Ver Santiago 5:15). La oración en acuerdo es uniendo su fe con otras dos o tres personas delante de Dios. (Ver Mateo 18:19–20). Finalmente, la intercesión es cuando usted ora y cree por otros. (Ver Isaías 59:16).

De acuerdo a Mateo 7:7–8, también hay niveles (intensidad creciente) de oración:

> "Pedid, y se os dará; buscad, y hallaréis; llamad (reverentemente), y (la puerta) se os abrirá. Porque todo

aquel que pide, recibe; y el que busca, halla; y al que llama, (la puerta) se le abrirá".

—Énfasis añadido

El Reino de Dios es como "un tesoro escondido en un campo", (Mt 13:44).

Algunas veces tenemos que cavar más profundo, esperar más y presionar duramente para obtener la revelación completa.

Para hacerlo más simple, pedir es solicitar a Dios por sus necesidades o interceder por las necesidades de otros. Buscar significa pedir a Dios por una sabiduría más profunda y, al mismo tiempo, investigar la Palabra para una visión más profunda. Buscar también puede significar que usted estudie otros recursos o mire más profundamente las cosas que lo rodean. Puede significar que usted reciba un consejo piadoso con el fin de obtener un completo entendimiento de lo que Dios está diciendo.

Golpear es presionar más allá a través de una oración persistente, ayunando y obedeciendo a la Palabra escrita revelada de Dios. Cuando usted ayuna, voluntariamente deja los alimentos y cualquier cosa que se pone en el camino de Dios con el fin de escuchar a Dios, obedecerle y cumplir Su propósito.

"¿No es más bien el ayuno que yo escogí, desatar las ligaduras de impiedad, soltar las cargas de opresión, y dejar ir libres a los quebrantados, y que rompáis todo yugo? ¿No es que partas tu pan con el hambriento, y a los pobres errantes albergues en casa; que cuando veas al desnudo, lo cubras, y no te escondas de tu hermano? Entonces nacerá tu luz como el alba, y tu salvación se dejará ver pronto; e irá tu justicia delante de ti, y la gloria de Jehová será tu retaguardia. Entonces invocará, y te oirá Jehová; clamarás, y dirá él: Heme aquí. Si quitares de en medio de ti el yugo,

> el dedo amenazador, y el hablar vanidad; y si dieres tu pan al hambriento, y saciares al alma afligida, en las tinieblas nacerá tu luz, y tu oscuridad será como el mediodía".
>
> —ISAÍAS 58:6–10

El ayuno de la comida es extremadamente poderoso porque su corazón nuevo está desviando su mente (la cual está sujeta a la supervivencia) y yendo directamente a su cuerpo, el cual le dice al cerebro, "...No sólo de pan vivirá el hombre, sino de toda palabra que sale de la boca de Dios", (Mt 4:4). Para sellar la frase, ayunar es "poner nuestro cuerpo donde está nuestro corazón" para deshacer cualquier forma de control mental.

Por eso es bueno meditar más profundamente en la Palabra durante un ayuno. En otras palabras, negarse a sí mismo los alimentos puede ayudarle a ver que otras cosas "terrenales" no son tan importantes—lo cual abre la puerta a la obediencia en cada área de su vida. Eclesiastés 4:12 dice, "Y si alguno prevaleciere contra uno, dos le resistirán; y cordón de tres dobleces no se rompe pronto".

Para sellar la frase, el ayuno es "poner su cuerpo donde está su corazón para deshacer cualquier forma de control mental.

Cuando usted vence en un ayuno, el diablo tiene que huir; hay un camino limpio—dentro y fuera de usted—para que la voluntad y el propósito de Dios sean hechos. Déjeme decirlo de una manera diferente: Cuando usted vence, negándose a usted mismo del alimento, el tiempo, el dinero, la comodidad y cualquier cosa que usted estime más, el diablo no será capaz de tentarlo porque usted ya ha rechazado todo lo que él pueda arrojar en su dirección. Y él no puede estar en la luz, él tiene que correr fuera de ella, porque sus obras malignas quedan expuestas de inmediato a lo que son verdaderamente.

Llegando al corazón de la oración

La oración, obviamente, no está donde debe estar en el Cuerpo de Cristo porque nosotros estamos operando desde corazones perversos y engañosos (Jer 17:9). La oración será restaurada según obedezcamos a nuestros corazones nuevos y renovemos nuestras mentes viejas y obstinadas. Hoy, en esta hora final de la Iglesia, la oración será el exámen final de cada creyente genuino o de la obra para Dios:

> "Permaneced en mí, y yo en vosotros. Como el pámpano no puede llevar frutos por sí mismo, si no permanece en la vid, así tampoco vosotros, si no permanecéis en mí. Yo soy la vid, vosotros los pámpanos; el que permanece en mí, y yo en él, éste lleva mucho fruto; porque separados de mí nada podéis hacer. El que en mí no permanece, será echado fuera como pámpano, y se secará; y los recogen, y los echan en el fuego, y arden. Si permanecéis en mí, y mis palabras permanecen en vosotros, pedid todo lo que queréis y os será hecho".
>
> —San Juan 15:4–7

La oración es nuestra conexión vital con Dios a través de nuestros nuevos corazones. Si no oramos, no tendremos la vida de Cristo dentro de nosotros.

Seremos improductivos y, peor aún, podemos esperar que un día Dios nos diga, "Yo nunca te conocí".

Usted debe decidir si escuchar y abrazar esta palabra de profecía—y heredar la vida eterna—o continuar caminando en sus propios caminos y pensamientos, y cosechar destrucción. La elección es suya.

Yo oro y confío en que usted escogerá obedecer a Dios y cosechar vida eterna.

Para que usted pueda comenzar, los siguientes son algunos pasos para desarrollar sus devocionales diarios, como así también unas cuantas llaves de la Escritura sobre el corazón y la mente.

La práctica de la oración

Yo adapté esta "práctica de oración" diaria de una poderosa enseñanza llamada "The power of positive prayer points" ("El poder de los puntos positivos de la oración") en una edición especial de la Biblia King James por Matthew Ashimolowo.

1. Comenzar cada día amando a Dios y a la gente. Esto significa que su relación con Dios es buena, y que hasta donde le sea posible, sus relaciones con los miembros de su familia, amigos, compañeros de trabajo y otros están en línea con la Palabra.

2. Comenzar cada día comunicándose con Dios a través del estudio de la Biblia y la oración.

3. Agradecer a Dios, alabarle por contestar

sus oraciones y adorarle por lo que Él es.

4. Arrepentirse, pidiéndole a Dios que lo perdone y limpie su corazón de cada pecado, conocido y no conocido.

5. Agradecer a Dios por su armadura espiritual, mencionadas en Efesios 6:10–18.

6. Entregarse al Espíritu Santo para que Él pueda orar a través de usted, de acuerdo a Romanos 8:26–27.

7. Estar listo para obedecer la guianza del Espíritu Santo, ya sea para pedir (por sus necesidades) o interceder (por otros); declarar la Palabra de Dios; estar quieto, o hacer cualquier otra cosa que Dios le guíe a hacer.

8. Pedir a Dios que construya un cerco de protección alrededor de su vida, su familia y todos aquellos que están orando con usted en contra de las tretas del enemigo.

9. Pedir a Dios que reprenda a Satanás y todos sus sirvientes.

10. Tomar autoridad sobre las obras del enemigo y sus intentos de atacar su corazón nuevo (espíritu), su mente (emociones, lógica, y hacer decisiones) y su cuerpo.

11. Repetir estos pasos hasta que usted sepa que ha penetrado en el reino del Espíritu y que Dios le está guiando en oración e

intercesión.

Algunas llaves de oración para el corazón

Aquí hay algunas escrituras con las que puede comenzar buscar a Dios en la oración diaria, aprendiendo a abrazar su nuevo corazón. Póngase usted mismo en estas escrituras a medida que medita en la Palabra. Por ejemplo, "Yo debo amar al Señor mi Dios con toda mi mente y corazón..."

> "Crea en mí, oh Dios, un corazón limpio, y renueva un espíritu recto dentro de mí. Sean gratos los dichos de mi boca y la meditación de mi corazón delante de ti, oh Jehová, roca mía, y redentor mío".
>
> —Salmo 51:10; 19:14

> "Os daré corazón nuevo, y pondré espíritu nuevo dentro de vosotros; y quitaré de vuestra carne el corazón de piedra, y os daré un corazón de carne".
>
> —Ezequiel 36:26

> "Examíname, oh Dios, y conoce mi corazón; pruébame y conoce mis pensamientos; y ve si hay en mí camino de perversidad, y guíame en el camino eterno".
>
> —Salmo 139:23–24

> "Enséñame, oh Jehová, tu camino; caminaré yo en tu verdad; afirma mi corazón para que tema tu nombre".
>
> —Salmo 86:11

> "El hacer tu voluntad, Dios mío, me ha agradado, y tu ley está en medio de mi corazón".
>
> —Salmo 40:8

> "Mas el que fue sembrado en buena tierra, éste es el

que oye y entiende la palabra, y da fruto; y produce a ciento, a sesenta, y a treinta por uno".

—Mateo 13:23

"Y amarás a Jehová tu Dios de todo tu corazón, y de toda tu alma, y con todas tus fuerzas".

—Deuteronomio 6:5

Algunas llaves de oración para la mente

A medida que yo estaba estudiando, encontré que la palabra corazón es usada en la Biblia por lo menos siete veces más que la palabra mente. Muchos de estos usos de la palabra corazón se refieren a los dos, corazón y mente, pero yo creo que esto es porque el corazón viene primero—en la esfera natural y en la esfera espiritual. Comience a meditar en estas escrituras:

"Porque ¿quién conoció la mente del Señor? ¿Quién le instruirá? Mas nosotros tenemos la mente de Cristo".

—1 Corintios 2:16

"No os conforméis a este siglo, sino transformaos por medio de la renovación de vuestro entendimiento, para que comprobéis cuál sea la buena voluntad de Dios, agradable y perfecta".

—Romanos 12:2

"Y renovaos en el espíritu de vuestra mente, y vestíos del nuevo hombre, creado según Dios en la justicia y santidad de la verdad".

—Efesios 4:23–24

"Tú guardarás en completa paz a aquel cuyo pensamiento en ti persevera; porque en ti ha confiado".

—Isaías 26:3

"Por lo cual, este es el pacto que haré con la casa de Israel despues de aquellos días, dice el Señor: Pondré mis leyes en la mente de ellos, y sobre su corazón las escribiré; y seré a ellos por Dios, y ellos me serán a mí por pueblo".

—Hebreos 8:10

"Porque no nos ha dado Dios espíritu de cobardía, sino de poder, de amor y de dominio propio".

—2 Timoteo 1:7

"Por tanto, ceñid los lomos de vuestro entendimiento, sed sobrios, y esperad por completo en la gracia que se os traerá cuando Jesucristo sea manifestado".

—1 Pedro 1:13

Nuevamente, estos versículos le ayudarán a comenzar. A medida que usted continúe buscando, estudiando y meditando sobre la Palabra de Dios, Él terminará la obra que ha comenzado en usted.

Dios todavía puede librarnos

Sí, predicar el mensaje del corazón nuevo es un mandato para mí, porque muchos creyentes han sido engañados (como yo lo fui) acerca de sus propios corazones. Muchos piensan que son salvos, pero todavía no conocen a Cristo. Muchos líderes y predicadores aún no han nacido otra vez, o no están diciendo la verdad completa, haciendo tropezar a otros. Sí, conocer a Cristo se ha convertido en algo "inalcanzable", pero Dios todavía puede librarnos.

Dios me hizo dar vuelta, por tanto yo sé que Él hará lo mismo por usted. Como yo, usted necesita pedirle a Dios que le de un corazón nuevo.

> "Por eso pues, ahora, dice Jehová, convertíos a mí con todo vuestro corazón, con ayuno y lloro y lamento. Rasgad vuestro corazón, y no vuestros vestidos, y convertíos a Jehová vuestro Dios; porque misericordioso es y clemente, tardo para la ira y grande en misericordia, y que se duele del castigo".
>
> —Joel 2:12–13

Es tiempo de volver al Señor, porque nada es más importante que los asuntos del corazón.

Notas

Introducción

Cómo **comenzó todo**

1. "Give me a clean heart", dominio público.

Capítulo 1

Necesitamos un **nuevo corazón**

1. James Strong, *The New Strong's Exhaustive Concordance of the Bible*, (Nashville, TN: Thomas Nelson, 1984).
2. Ibid.

Capítulo 6

Un **punto de vista** científico

1. Doc Lew Childre y Howard Martin, *The HeartMath Solution* (San Francisco, CA: Harper San Francisco, 2000). 9.
2. Ibid., 33.
3. Ibid., 9.
4. Ibid. 32.
5. Ibid., 10.
6. Strong, *The New Strong's Exhaustive Concordance of the Bible*.
7. Ibid.
8. Childre y Martin, *The HeartMath Solution*, 31.
9. Ibid., 34.

Capítulo 7

Resultados de un **transplante** de **corazón**

1. Paul Pearsall, "The Heart That Found its Body's Killer," *The Heart's Code* (New York: Broadway Books, 1998), 7.

2. The Art Bell Show (syndicated), as aired on New Talk Radio, 570 KLIF, Dallas, Texas, March 21, 2002.
3. Pearsall, *The Heart's Code*, 24–25.
4. Childre y Martin, "The brain in the heart," *The HeartMath Solution*, 10.
5. Ibid., "Let's make a deal, 41.

Capítulo 8
El nuevo **corazón**

1. Pearsall, *The Heart's Code*, 66.
2. Childre y Martin, *The HeartMath Solution*, 34.
3. Strong, *The Strong's Exhaustive Concordance of the Bible*.

Capítulo 9
La mente **renovada**

1. Adaptado de Childre y Martin, *The HeartMath Solution*, 31.
2. Elaine Farris Hughes, *Writing from the Inner Self* (New York: Harper Perennial, 1992), 4.
3. Childre y Martin, *The HeartMath Solution*.